Jürgen Hesse
Hans Christian Schrader

Die 100 wichtigsten Fragen
zur Bewerbung

Für eine optimale Vorbereitung
in kürzester Zeit

berufsstrategie exakt

 Eichborn.

Die Autoren

Jürgen Hesse, Jahrgang 1951, ist Diplom-Psychologe. Er leitet das *Büro für Berufsstrategie* und ist Geschäftsführer der Telefonseelsorge Berlin.
Hans Christian Schrader, Jahrgang 1952, ist Diplom-Psychologe im Klinikum Am Urban in Berlin.

Diverse gemeinsame Veröffentlichungen, u.a.: Die perfekte Bewerbungs-mappe; Das Hesse/Schrader-Bewerbungshandbuch; Arbeitszeugnisse; Die überzeugende schriftliche Bewerbung; Das erfolgreiche Vorstellungsgespräch; Garantiert mehr Gehalt; Testtraining 2000plus (alle im Eichborn Verlag).

Anschrift der Autoren

Büro für Berufsstrategie
Hesse/Schrader
Oranienburger Straße 4–5
10178 Berlin
Tel. 030/28 88 57-0
Fax 030/28 88 57-36
www.berufsstrategie.de

Eichborn AG, Frankfurt am Main, August 2003
Reihenkonzeption: Christina Hucke (Umschlag)
Redaktion: Judith Bömer
Satz: Twin Books, München
Druck und Bindung: Clausen & Bosse, Leck
ISBN 3-8218-1552-3862-0

Verlagsverzeichnis schickt gern:
Eichborn Verlag, Kaiserstraße 66, D-60329 Frankfurt am Main
www.eichborn.de

ÜBERSICHT ÜBER DIE HAUPTKAPITEL

INHALT

SELBSTMARKETING UND NETWORKING 35

SCHRIFTLICHE BEWERBUNGSUNTERLAGEN 51

GEHALTSVERHANDLUNG 145

Was Sie noch wissen sollten 152

Fast Reader – Überblick für eilige Leser

Sie wollen sich einen schnellen, aber fundierten Überblick verschaffen, worauf es bei Ihrem Bewerbungsvorhaben vor allem ankommt.

Dieses Buch versetzt Sie in die Lage, sich im Schnellverfahren anhand der 100 wichtigsten Fragen optimal auf die Bewerbung vorzubereiten.

Alle wichtigen Themen werden auf der Basis der Erfahrungen in der täglichen Bewerberberatung im Büro für Berufsstrategie kompakt und kompetent behandelt:

→ die gezielte Vorbereitung (Seite 15)
→ Marketing in eigener Sache (Seite 35)
→ die Erstellung der schriftlichen Unterlagen (Seite 51)
→ der Einsatz neuer Medien (Seite 107)
→ die wichtigsten Fragen im Vorstellungsgespräch (Seite 111)
→ die Gehaltsverhandlung (Seite 145)

Dieses Buch vermittelt anschaulich, wie Sie die gestiegenen Anforderungen bei der Überwindung der Auswahlhürden in kürzester Vorbereitungszeit erfolgreich bewältigen können.

VORBEREITUNG

1 Worauf kommt es in einer Bewerbungs-situation an?

Auf diese Frage sind viele Antworten vorstellbar. Nach unserer Einschätzung ist die Einstellung der Bewerberin bzw. des Bewerbers* das Wichtigste. Hiermit meinen wir die mentale Auseinandersetzung und Einstimmung auf Ihr Vorhaben, einen Arbeitsplatz zu erobern. Dabei ist die gründliche Vorbereitung von entscheidender Wichtigkeit. Dies wird häufig unterschätzt. Die richtige Vorbereitung ist genauso der Grundstein für den Erfolg, wie ein solides Fundament die sicherste Basis für einen Hausbau ist.

* Wenn im Folgenden überwiegend die männliche Form (Bewerber, Kandidat, Chef etc.) verwendet wird, soll das keine Diskriminierung der Leserinnen darstellen, sondern geschieht allein deshalb, um den Sprachfluss nicht zu stören.

2 Warum werden generell im Bewerbungs-verfahren so viele Fehler gemacht?

Weil die Bewerber sich oft nicht intensiv genug vorbereiten und somit nicht wissen, was auf sie zukommt. Das hat etwas damit zu tun, dass Bewerbungssituationen beim Menschen Angst auslösen, nicht angenommen bzw. sogar abgewiesen zu werden. Die Ursache hierfür ist in frühen biografischen Erfahrungen zu suchen. Dies ist ein unbewusster Aspekt, der insgeheim hinter jeder Prüfungsangst steckt.

3 Was sind die Weichensteller, die Essentials bei einem Bewerbungsvorhaben?

Die Essentials einer jeden Bewerbungssituation sind *Kompetenz*, *Leistungsmotivation* und *Persönlichkeit*.

Unsere über 20-jährige Forschungs-, Beratungs- und Publikationstätigkeit zur speziellen Thematik »Prüfungssituation Bewerbung« hat als Quintessenz diese drei entscheidenden Faktoren ergeben, auf die es aus Arbeitgebersicht bei einem Bewerber ankommt.

Das bedeutet:

1. Verfügt der Bewerber über die erforderlichen generellen und fachlichen Qualifikationsmerkmale?

2. Was bewegt den Bewerber, was sind seine Motive für Arbeitsplatz- und Aufgabenwahl, und ist er motiviert, Außerordentliches zur Verwirklichung von Unternehmens- bzw. Institutionszielen zu leisten?

3. Mobilisiert der Bewerber Sympathiegefühle, kann man sich mit ihm »wohl fühlen« und passt er zum Team, zum Unternehmen bzw. zur Institution? Stimmt die persönliche »Chemie«?

4 Warum sind neben Kompetenz vor allem Sympathie und Leistungsmotivation so wichtig?

Abgesehen vom fachlichen Können sind die »Weichensteller« Ihr Sympathie mobilisierender Auftritt und die Leistungsmotivation, die man Ihnen zutraut.

Während Sympathie (wie auch Antipathie) bei einer ersten Begegnung sofort emotional spürbar ist, werden die Schlüsselmerkmale Leistungsmotivation und Kompetenz kognitiv zugeschrieben. Dies sind Merkmale, die sich nicht unmittelbar mitteilen. Und dennoch geht es gerade bei der Leistungseinschätzung auch darum, Ihnen Können zuzutrauen. Wieder spielen Vertrauen und damit die Gefühle eine wichtige Rolle.

Jedoch offenbaren sich Leistungsmotivation und Kompetenz nicht so schnell wie das zentrale, auf die Persönlichkeit bezogene und auch durch unbewusste Faktoren maßgeblich gesteuerte Sympathiegefühl.

5 Was muss beim Bewerbungsvorhaben aus Bewerbersicht das Hauptziel sein?

Es geht darum, die drei Weichensteller in der Bewerbungssituation (Persönlichkeit, Leistungsmotivation und Kompetenz) während des gesamten Bewerbungsverfahrens als Signale so prägnant »auszusenden«, dass sie beim potenziellen Arbeitgeber »ankommen«. Das gilt für die Erstellung der schriftlichen Unterlagen ebenso wie für das persönliche Auftreten im Vorstellungsgespräch.

Es geht also um die von Ihnen vorzubereitenden Keywords zu den folgenden Themen:

→ Was für ein Mensch sind Sie, und wie präsentieren Sie sich?
→ Wie bringen Sie Ihre Leistungsmotivation deutlich zum Ausdruck?
→ Wie vermitteln Sie überzeugend Ihre Kompetenz?

6 Welche Schritte und Phasen entscheiden hauptsächlich über Erfolg oder Misserfolg in der Bewerbungssituation?

→ Vorbereitung
→ Schriftliche Bewerbungsunterlagen
→ Eventuell Auswahltest
→ Vorstellungsgespräch
→ Einarbeitungszeit
→ Schließlich die bestandene Probezeit

Unterschätzt wird dabei in der Regel die notwendige Zeit für eine intensive Vorbereitung, und sehr überrascht sind die meisten Bewerber, welchen zeitlichen Aufwand die Erstellung ihrer schriftlichen Unterlagen einnimmt.

Individuell werden die einzelnen Abschnitte als unterschiedlich schwierig erlebt. Viele Bewerber haben Angst vor dem persönlichen Vorstellungsgespräch, andere tun sich mit dem Erstellen der schriftlichen Unterlagen schwer. Kaum einer jedoch fürchtet sich vor der Einarbeitungs- und Probezeit, oder problematisiert die doch so wichtige Vorbereitungsphase auf ein Bewerbungsvorhaben. In Letzterer jedoch werden die Weichen für den Erfolg des ganzen Bewerbungsunternehmens gestellt.

7 In welcher Phase werden die meisten Fehler gemacht?

Fehler treten praktisch in jeder Phase auf, hauptsächlich jedoch in der Vorbereitung. Ihre Bedeutung und der sehr zeitintensive Arbeitsaufwand werden häufig unterschätzt, insbesondere bei den schriftlichen Unterlagen, aber auch bezogen auf das Vorstellungsgespräch.

Groucho Marx würde fragen: »Was haben ein Banküberfall und ein Bewerbungsvorhaben gemeinsam?« Antwort: »Die generalstabsmäßige, minutiöse Vorbereitung.«

Mit der Lektüre dieses Buches gehören Sie jedoch schon zu dem Personenkreis, der eine gezielte Vorbereitung professionell angeht.

8 Gibt es so etwas wie eine Leitidee oder einen roten Faden für die Vorbereitungs- phase?

Ja! Die berühmten vier Fragen:

→ Was für ein Mensch bin ich?
→ Was kann ich?
→ Was will ich?
→ Was ist für mich möglich?

Zur eigenen Standortbestimmung eignen sich auch die folgenden Fragen:

→ Was liegt hinter mir?
→ Wie schätze ich mich und meine Fähigkeiten ein?
→ Wie sieht meine aktuelle Situation aus, mit was muss ich mich auseinander setzen? Geht es um einen Neueinstieg, Wechsel oder Wiedereinstieg?

9 Gibt es so etwas wie Geheimwissen bei dem heutzutage leider üblich gewordenen Bewerbungsmarathon?

Im Prinzip nein. Wenn Sie die richtige Fach- bzw. Sachbuchliteratur lesen, finden Sie alle entscheidenden Hinweise für Ihre Probleme. Da dies aber von Bewerberseite aus kaum genutzt wird, sind Informationen über bzw. für die Bewerbungssituation doch immer noch so etwas wie Geheimwissen.

Über einen langen Zeitraum galt es als Geheimwissen, nach welchen Kriterien Arbeitsplatzanbieter Kandidaten auswählen. Aber dieses auf Personalauswählerseite erworbene Fach- und Spezialwissen steht nun auch auf Arbeitnehmerseite zur Verfügung. Bedienen Sie sich!

10 Wie kann man sich als Kandidat aus der Masse der Bewerber positiv abheben?

Auf vielfältige Weise ist es möglich, sich gegenüber weniger engagierten Anwärtern hervorzutun. Es kann hier jedoch kein Patentrezept angegeben werden, denn würde es ein solches geben, würde es sich bald ad absurdum führen. Sie selbst müssen sich intensiv mit der Frage auseinander setzen, wie Sie Ihre Persönlichkeit am besten darstellen. Nur Sie selbst kennen alle Facetten Ihrer Person, lassen Sie die einen strahlen, die anderen lieber etwas im Schatten. Die mustergültige Vorbereitung auf die verschiedenen Bewerbungsstadien unter Einbeziehung der Frage nach der besten Selbstdarstellung ist stets entscheidend.

Ihre Bewerbungsunterlagen müssen kreativ und innovativ gestaltet sein. Sie sollten sich von der Masse unterscheiden, ohne jedoch zu unkonventionell zu wirken. Betreiben Sie Selbstreflexion im Stadium vor dem Vorstellungsgespräch, damit Sie im – ersehnten – Ernstfall ein geschlossenes Persönlichkeitsbild vermitteln können. Zeigen Sie daneben Initiative und Interesse bei allen sich bietenden Gelegenheiten; man wird Ihr Engagement honorieren.

11   Was bringt eine Initiativbewerbung?

Viel Arbeit, aber wenn sie gut, d.h. wirklich überzeugend formuliert und gestaltet ist, auch den gewünschten Erfolg, also mindestens eine Einladung zum Vorstellungsgespräch. Und darauf kommt es zunächst einmal an.

Nach intensiver Vorbereitung wissen Sie, wovon Sie sprechen und schreiben, und verfolgen das Ziel einer persönlichen Begegnung mit dem potenziellen Arbeitgeber. Es geht zunächst einmal darum, probeweise einen Arbeitsauftrag zu bekommen. So erreichen Sie Schritt für Schritt Ihr Hauptziel. Ihre Initiative ist dabei ein entscheidendes Kriterium.

12 Macht es überhaupt Sinn, sich auf Stellenanzeigen zu bewerben?

Selbstverständlich, aber das allein reicht noch lange nicht aus! D.h., es kommt darauf an, wie viel Zeit Sie haben, bis Ihre Bemühungen Erfolg haben. Denn neben den sicherlich immer noch wichtigen klassischen Stellenanzeigen ist ein Marktpotenzial an Arbeitsplätzen in einem Umfang von etwa 60–70 Prozent ausschließlich über andere Wege zu erobern.

Angefangen von der Initiativbewerbung, dem eigenen Stellengesuch bis hin zur mehr oder weniger persönlichen Empfehlung gibt es ein Spektrum an direkten und mittelbaren Kontakten – Stichwort Personalberatungsgesellschaften, Headhunter, aber auch Messen und andere Foren und Arbeitszirkel können Sie als Arbeitssuchenden weiterbringen. Nicht zu vergessen: das Internet.

13 Mit welchem Zeitaufwand muss man bei den Vorbereitungen für das Bewerbungsvorhaben ungefähr rechnen?

Stunden, Tage, Wochen, Monate – im Grunde läuft die Vorbereitungszeit seit Ihrer Entscheidung für Ihr Bewerbungsvorhaben. Das wollten Sie so sicherlich nicht hören. Aber eine halbwegs gute Vorbereitungszeit ist sicherlich mit 50–100 Stunden nicht zu hoch angesetzt.

Ob Sie das in einer oder vier Wochen durchziehen, hängt nicht nur von Ihrer Kondition, sondern auch von dem Zeitbudget ab, das Ihnen aktuell zur Verfügung steht.

Generell neigen die meisten Kandidaten eher dazu, den Zeitaufwand für die emotionale und mentale Einstimmung, für die Erstellung der schriftlichen Bewerbungsunterlagen und die Vorbereitung auf ein Vorstellungsgespräch zu unterschätzen. Wenn jetzt noch die Formulierung eines Stellengesuches oder die Vorbereitung auf ein Assessment Center anstehen, brauchen Sie entsprechend mehr Zeit. Das Gleiche gilt für Ihr Bewerbungs-Networking, d.h. für das Knüpfen und die Pflege von hilfreichen Kontakten und Beziehungen im Rahmen Ihres Bewerbungsvorhabens ebenso wie für die Vorbereitung auf erfolgreiche Telefongespräche in diesem Zusammenhang.

14 Wann sollte man mit dem Einstieg in das Bewerbungsvorhaben beginnen?

Wie eben ausgeführt spätestens mit Ihrer Entscheidung, einen Berufseinstieg oder einen Arbeitsplatzwechsel aktiv anzugehen.

Das bedeutet, Sie fangen wirklich mit einer intensiven Vorbereitung an. Das bedingt immer die Auseinandersetzung mit der eigenen Person und Ihren Fähigkeiten. (Wer bin ich? Was kann und was will ich?)

Diese Selbsterforschung sollte unbedingt auch einhergehen mit einer gründlichen und aktuellen Arbeitsmarktanalyse unter der Fragestellung: Wer braucht was? Am Schluss steht die Verbindung zwischen dieser Frage und dem speziellen Dienstleistungsangebot, das Sie anzubieten haben.

15 Mit welcher Unterstützung kann man bei der Vorbereitung rechnen?

Rechnen Sie besser mit wenig bis keiner. Schön, wenn Lebenspartner, Familie, Freunde Sie ermutigen und Gesprächs-, vor allem aber Zuhörpartner sind. Im Bereich der professionellen Unterstützung, den so genannten Karriere- und Bewerbungsberatern, gibt es leider viele schwarze Schafe, die Zeit- und vor allem Geldverschwendung bedeuten können. Wirkliche Profis auf diesem Gebiet kosten deutlich Geld und dieses sitzt in der Regel bei den meisten Arbeitssuchern natürlich nicht so locker.

Wenn Sie aber den richtigen und auch schnellen Einstieg unbedingt wollen, ist die Investition von 100 bis zu über 1000 Euro sicherlich höchst sinnvoll, denn ein Jahresbruttoverdienst von z.B. 20000–60000 Euro steht doch wohl dazu in einem sehr günstigen Aufwand-Ertrags-Verhältnis.

Learning by doing ist natürlich auch ein Weg, um ans Ziel zu kommen. Manchmal dauert's halt nur etwas länger ...

16 Gibt es Bewerbergruppen, die sich mit ganz besonderen Vorbereitungsproblemen auseinander setzen müssen?

Selbstverständlich. Jede Bewerbergruppe hat ihre eigenen Besonderheiten und damit leider auch ganz spezifische Probleme. *Arbeitslose*, insbesondere Langzeitarbeitslose, werden nach vielen Erklärungen gefragt. Aber auch gestandene, *über 48 Jahre alte Arbeitnehmer* sehen sich in unserer Gesellschaft mit vielen Vorurteilen konfrontiert. Ganz besonders *Frauen* müssen sich immer wieder mit speziellen Vorurteilen auseinander setzen, vor allem wenn es um gehobene Positionen geht. Auch *Azubis* haben mit dem Schritt ins Berufsleben so ihre ganz besonderen Schwierigkeiten, ebenso wie *Hochschulabsolventen* – beide Gruppen bedürfen deshalb einer ganz exzellenten Vorbereitung auf die Bewerbungssituation.

17 Worin liegen denn die besonderen Herausforderungen spezieller Kandidatengruppen?

Bei längerer Arbeitslosigkeit und einem Alter, das auf die 50 zu oder darüber hinaus geht, ist es besonders ein mentales Problem, das den Bewerbern zu schaffen macht. Dafür sind sie aber zweifelsohne nicht allein verantwortlich. Hier herrscht ein gesamtgesellschaftlicher Vorurteilsdruck, der an *Arbeitslosen* selbstverständlich nicht spurlos vorbeigeht.

Frauen sollten bedenken, dass sie intensiver nach ihrer beruflichen Motivation gefragt werden als Männer. So musste z.B. eine 45-jährige Buchhändlerin im Vorstellungsgespräch erklären, warum sie sich mit 16 Jahren für diesen Ausbildungsberuf entschieden hatte. Einem Mann hätte man diese Frage sicherlich nicht gestellt. Auch Kindererziehungszeiten und die Versorgung der Jüngsten im Krankheitsfalle sind Themen, mit denen Bewerberinnen im Alter von 35 bis 45 konfrontiert werden können.

Azubis sollten sich unbedingt die Gründe für die Wahl ihres Berufes und der potenziellen Ausbildungsfirma überlegen, außerdem sollten sie ihre Pläne von der beruflichen Zukunft darlegen können.

Für *Hochschulabsolventen* gilt dies ebenso, nur ist hier das inhaltliche Niveau anspruchsvoller.

Alle diese Überlegungen sollten aber auf jeden Fall im Vorfeld geklärt werden, um sie dann in die schriftliche Bewerbung einfließen zu lassen und im Vorstellungsgespräch weiter ausführen zu können.

18 Was ist diesen Bewerbergruppen besonders zu empfehlen?

Eine gezielte Vorbereitung auf Ihr Bewerbungsvorhaben, ganz besonders unter Berücksichtigung der spezifischen Vorbehalte, mit denen Sie sich auf der Auswählerseite auseinander setzen müssen. Hier sind zwei Dinge unbedingt notwendig:

1. Sie sollten wissen, wie und was die andere Seite denkt – und warum.
2. Sie sollten sich selbst von derlei Vorurteilen freimachen und sich gleichzeitig gut auf die eigene Antwortstrategie vorbereiten.

SELBSTMARKETING
UND NETWORKING

19 Was ist eigentlich »Marketing in eigener Sache« im Kontext einer Bewerbungssituation?

Marketing, ein Begriff aus der Betriebswirtschaftslehre, bedeutet Planung, Organisation und Kontrolle aller Unternehmensaktivitäten, die auf Beschaffungs- und Absatzmärkte ausgerichtet sind. Der bekannte Managementexperte Peter Drucker definiert Marketing als das ganze Unternehmen aus Kundensicht. Dabei ist das Ziel von Marketing, Kunden zu erreichen, sie zum Kauf, zum Gebrauch und zum Wiederkauf eines ganz bestimmten Produktes zu veranlassen.

Die klassischen vier Marketinginstrumente sind:

1. Das Produkt
2. Die Werbung
3. Der Vertrieb
4. Die Preispolitik

Und was hat das Ganze nun mit Ihrer Arbeitswelt zu tun? Sie sind eine Unternehmerin, ein Unternehmer, Sie müssen unternehmerisch denken auf einem Arbeitsmarkt, der immer enger und schwieriger wird. Ihr Produkt ist Ihr Know-how, Ihr Wissen, Ihre Erfahrung. Es ist eine Dienstleistung, die Sie an den Mann, an die Frau bringen müssen, d.h. an den Kunden.

Und wer sind Ihre Kunden? Früher hätte man Arbeitsplatzanbieter, Arbeitgeber gesagt. Eigentlich aber sind Sie der Arbeitgeber, besser gesagt der Arbeitskraftgeber, ein moderner Dienstleister. Sie bieten Ihre Dienstleistung an und müssen Ihre Kunden/Ihre Verbraucher dafür finden und zufrieden stellen. Übertragen auf den Einzelnen sind also dies Ihre vier typischen Marketinginstrumente:

1. Ihr Können
2. Ihr Image
3. Ihre Be-Werbung
4. Ihre Gehaltsverhandlung

20 Wieso ist Marketing für mich als Bewerber so wichtig?

Marketing in eigener Sache, so unsere Erfahrung, wird von den meisten Bewerbern gar nicht oder in nur sehr geringem Maße betrieben. Hierfür fehlt oft das notwendige Bewusstsein: Aktiv werden, von sich aus an ein Unternehmen heranzutreten, nach einem Arbeitsplatz zu fragen und tolle Unterlagen zu verschicken, stelle – so ist es in den Köpfen der meisten Bewerber verankert – allein schon die eigentliche Marketingleistung bei einer Bewerbung dar. Spätestens hier muss man übrigens von Initiativbewerbung sprechen.

Aber nicht die Bewerbungsunterlagen oder die selbst inszenierte Kontaktaufnahme sind der eigentliche Schlüssel zum Erfolg, sondern die Reflexion besonders derjenigen eigenen Fähigkeiten, welche von besonderem Nutzen für den Arbeitsplatzanbieter sind – sprich den Kunden Ihrer Dienstleistung. Und dies gilt es wie bei allen kaufmännischen Unternehmungen gezielt vorher herauszufinden.

Es geht um die Formulierung der Essentials Ihrer persönlichen »Verkaufs«-Botschaft, Ihres Werbeprospekts in eigener Sache, der Gestaltung Ihres Aushängeschildes.

21 Wie entwickle ich ein Marketing in eigener Sache?

Zunächst einmal sollten Sie eine Art »Bestandsaufnahme« vornehmen. Diese wird Ihnen helfen, sich selbst richtig einzuschätzen und Ihren individuellen Standort zu bestimmen. Besser über sich Bescheid zu wissen und seine Stärken und Schwächen zu erkennen, zahlt sich aus.

Letztlich ist nicht allein die aktuelle Lage auf dem Arbeitsmarkt entscheidend für den individuellen Erfolg oder Misserfolg eines Bewerbers, sondern vor allem Ihre persönliche Strategie.

Dazu sind die folgenden Fragen hilfreich:

→ Was mache ich am liebsten?
→ Wo möchte ich meine Fähigkeiten einsetzen?
→ Wie finde ich die entsprechende Arbeit?

Die meisten Arbeitssuchenden würden die Fragen »Was?« und »Wo?« am liebsten überspringen und sich gleich den »Wie-Fragen« widmen: Wie findet man freie Stellen? Wie gestaltet man die Bewerbungsunterlagen? Wie verhält man sich im Vorstellungsgespräch?

Nur wenn Sie absolut überzeugt von einem Beruf, einer Aufgabe sind, werden Sie diese mit allen Mitteln suchen und darin Erfolg haben. In diesem Moment ändert sich nicht nur Ihre Arbeitssuche, sondern auch Ihre gesamte Lebenseinstellung.

Sie erhöhen Ihre Erfolgsaussichten bei der Arbeitssuche nicht allein durch das Erlernen neuer Bewerbungstechniken oder durch bessere Antworten auf die Fragen des Arbeitgebers im Bewerbungsgespräch.

Letztlich werden Sie Ihren Wunscharbeitsplatz bzw. -beruf nur bekommen, wenn Sie wirklich bereit sind, intensiv über Ihre Zukunft nachzudenken.

22 Ist beruflicher Erfolg machbar?

Ja. Und wenn es hier so etwas gibt wie eine einfache Zauberformel, dann lautet diese: Prioritäten setzen.

Die einzige verlässliche Konstante ist die Veränderung. Umso mehr kommt es also darauf an, sich den Herausforderungen mit der richtigen Strategie zu stellen.

Sie sind auf dem heutigen Arbeitsmarkt nach einem modernen Verständnis nicht mehr klassischer Arbeitnehmer auf der Suche nach einem klassischen Arbeitgeber, sondern Unternehmer – ein modernes Ein-Mann-/Eine-Frau-Dienstleistungsunternehmen. Lernen Sie also, unternehmerisch zu denken und zu handeln.

Ein gezieltes Marketing Ihrer Dienstleistung sollte Ihrer Vorgehensweise zugrunde liegen. Ihre Kunden, die Einkäufer Ihres Know-hows, verhalten sich sowieso nach Marktgesetzen. Also entscheidet über Ihren Erfolg vor allem eine gute Marketing- und Verkaufsstrategie.

23 Was sind die vier Prinzipien des Selbstmarketings und des Berufserfolges?

1. Konzentration ist besser als Verzettelung.
2. Es geht um das Herausfinden des wirkungsvollsten Ansatzpunktes sowie
3. das Erkennen und Bedienen eines Engpasses, einer Marktlücke.
4. Nutzenorientierung hat Priorität gegenüber der Gewinnmaximierung.

Mehr dazu finden Sie auf den folgenden Seiten.

24 Was ist der besondere Vorteil einer Konzentration der Kräfte?

Besser als die Verzettelung ist die Fähigkeit, auswählen, entscheiden und begrenzen zu können.

Beispielsweise kann kein Sportler gleichzeitig Spitzenleistungen im Tennisspielen, Schwimmen, Ski- und Radfahren erbringen. Und genauso verhält es sich auch in beruflicher Hinsicht. Niemand kann alles können. Wer sich in seinen Vorhaben und Leistungen verzettelt, bleibt in seinen Ergebnissen lediglich durchschnittlich.

Nicht kleckern, sondern klotzen! Volle Konzentration der Kräfte auf das, was man am besten kann, gerne macht und das auch noch für einen anderen, eben für Ihren »Kunden«, den so genannten Arbeitgeber, von hohem Nutzen ist.

25 Wo ist der wirkungsvollste Ansatzpunkt im strategischen Vorgehen?

Um es bildhaft auszudrücken: Vor dem Aufschließen einer Tür muss man wissen, wo das Schloss ist. Oder anders betrachtet: Eine Kettenreaktion ist schnell ausgelöst. Stellen Sie sich einen riesigen Stapel Dosen vor. Wer hier naiv von unten zugreift und eine herausziehen will, riskiert den kompletten Einsturz.

Die Sprengladung für einen hohen Industrieschornstein wird dagegen am untersten Ende angesetzt werden müssen, um das zu erreichen, was man bei den Dosen verhindern will.

Auf den wirkungsvollsten Punkt kommt es also an, auf die volle Konzentration der Kräfte, und dann muss der so identifizierte Gordische Knoten nur noch durchschlagen werden. Entscheidend ist also weniger wie, sondern wo man zuschlägt.

Sie erinnern sich an das höchst ungleiche Kampfpaar David und Goliat. Wie hat der kleine David den um vieles stärkeren Riesen Goliath besiegt? Durch den Einsatz einer Steinschleuder. Darauf konzentrierte David seine ganzen Kräfte und zielte auf die Stirn seines Gegners.

Wenn man sich also strategisch auf den richtigen, den wichtigsten bzw. wirkungsvollsten Ansatzpunkt konzentriert, lösen sich die Probleme fast wie von selbst.

26 Worum geht es bei der Entdeckung eines Engpasses, einer Marktlücke?

Sie müssen einfach wissen, »wem wo was fehlt«. Vielleicht liegt der wichtigste Schlüssel zum beruflichen Erfolg in der richtigen Idee bzw. Entscheidung oder Erkenntnis: Hier, bei diesem speziellen Arbeitgeber, wird etwas dringend gebraucht, und genau das kann ich anbieten, genau auf diesem Sektor bin ich wirklich gut.

Es ist nicht ganz einfach, den richtigen, den effektivsten Ansatz für die Lösung eines Problems zu finden. In der heutigen Wirtschaft sind es die Marketingabteilungen, die sich speziell mit diesem Problem beschäftigen.

Es geht darum, Bedürfnisse der Konsumenten zu entdecken, gegebenenfalls auch neu zu wecken, um diese dann erfolgreich bedienen zu können.

An einem Beispiel verdeutlicht: Das Wachsen und Gedeihen einer Pflanze hängt ganz wesentlich von vier Bedingungen ab: Wasser, Luft, Nahrung und Licht. Bei einem heißen Sommer ohne Regen erkennt jeder den wichtigsten Engpass. Wer jetzt Wasser anbieten kann, wer dieses Mangelprodukt liefert, wird sich einer großen Nachfrage erfreuen.

Neben der Konzentration der eingesetzten Energie auf den wirkungsvollsten Punkt kommt es auch auf die Entdeckung eines Bedürfnisses, einer Engpass-Situation, eines Mankos an.

Wenn Sie mit Ihren beruflichen Fähigkeiten auf einem speziellen Gebiet bei Ihrer Zielgruppe, den Arbeitsplatzanbietern, auf ein unbefriedigtes Bedürfnis stoßen, dann haben Sie große Chancen auf den Job.

Wenn Sie den richtigen Schlüssel für ein Problem Ihrer Zielgruppe haben, wird – je besser Ihr Schlüssel passt und je brennender das Problem Ihrer Zielgruppe ist – Ihr beruflicher Marktwert steigen.

27 Warum ist die Nutzenorientierung beim Bewerbungsvorhaben wichtig?

Nur wer wichtige Probleme anderer besser lösen kann, macht sich auf Dauer beruflich unentbehrlich.

Ständig sind von Ihnen in beruflicher Hinsicht Entscheidungen zu treffen, muss Wichtiges von weniger Wichtigem unterschieden werden, geht es um das Setzen von Prioritäten. Orientierung tut Not, und dabei helfen Ihnen vor allem klar definierte berufliche Ziele.

Je klarer man ein Ziel vor Augen hat, desto leichter fällt es, die notwendigen Entscheidungen zu treffen. In diesem Zusammenhang sollte es Ihnen aber nicht um eine kurzfristige Erfolgs- bzw. Gewinnsteigerung gehen. Insoweit geht Nutzenorientierung vor Gewinnorientierung.

Also nicht der Job, der Ihnen das meiste Geld bringt, ist der richtige, sondern der, der Ihren Nutzen für den Arbeitsmarkt und damit auch für andere Arbeitsplatzanbieter steigert.

28 Was versteht man unter »Networking«?

Networking – so eine gleichermaßen einfache wie praktikable Definition – heißt mit Leuten sprechen, Verbindungen herstellen, Beziehungen aufbauen, Kontakte pflegen und sie sich dann, wenn man sie braucht, zunutze machen.

In beruflich-strategischer Hinsicht setzt man Networking mit dem Ziel ein, einen neuen Arbeitsplatz zu erobern. Ein Kandidat, der einen neuen Arbeitsplatz sucht und auf Networking verzichtet, vergibt wertvolle Chancen. Wer einmal erfolgreich ernten will, muss aber vorher viel ausgesät und sich auch darum gekümmert haben, dass seine Früchte gut reifen.

Verfügen Sie über »Vitamin B«? Haben Sie die richtigen »Beziehungen«, die Sie beruflich weiterbringen, die Ihnen den Jobeinstieg oder -wechsel leicht machen?

Wenn ja, prima für Sie, wenn nein oder in nicht ausreichendem Umfang, dann müssen Sie eben noch ein bisschen »networken«.

29 Warum ist Networking für den Bewerbungserfolg so wichtig?

Weit über 50 Prozent der freien Arbeitsplätze werden heutzutage nicht durch eine Stellenanzeige bekannt gemacht und besetzt. Oft stellen Arbeitgeber bereits im Vorfeld die Weichen. Nicht selten gibt es einen Kandidaten, der besonders geeignet erscheint und der bereits vor offiziellen Ausschreibungen oder Auswahlverfahren den »Zuschlag« erhält.

Deshalb sind persönliche Kontakte und Beziehungen, das so genannte Vitamin B, so wichtig. Der neue Fachbegriff hierfür ist Networking.

30 Worauf kommt es beim Networking an?

Auf ...

→ die Identifikation der Ansprechpartner aus den verschiedenen Zielgruppen,

→ die Kunst des zielorientierten Kontaktens,

→ die erfolgreiche Kontaktpflege,

→ Gerechtigkeit im Geben und Nehmen oder: Manus manum lavat,

→ die Definition von Kommunikationszielen und die daraus abzuleitenden Botschaften,

→ Kenntnisse, wie Sie das Networking überzeugend und glaubwürdig verpacken,

→ Hintergrundrecherche und Medieneinsatz,

→ den richtigen Umgang mit Personalchefs, Personalberatungsgesellschafen, Headhuntern,

→ die Fähigkeit, sich besonders die so genannten kleinen, scheinbar unbedeutenden Leute zu wichtigen Verbündeten zu machen.

SCHRIFTLICHE
BEWERBUNGSUNTERLAGEN

31 Was sind die wichtigsten Bausteine für die schriftliche Bewerbung?

Neben der sorgfältigen Vorbereitung auf Ihre Bewerbung und der Festlegung Ihrer Kommunikationsziele bestehen die schriftlichen Komponenten einer Bewerbungsmappe aus dem so genannten Lebenslauf, den Anlagen und dem Anschreiben.

Einen wichtigen Stellenwert hat das Foto. Die Anlagen bestehen aus den beigefügten Arbeits- und Ausbildungszeugnissen.

In ganz seltenen Fällen kommen eine Handschriftenprobe, Referenzen bzw. Empfehlungen, ein polizeiliches Führungszeugnis und Arbeitsproben hinzu.

32 Worauf kommt es bei den schriftlichen Unterlagen besonders an?

Kurz gesagt kommt es darauf an, dass Sie Ihre persönliche Botschaft überzeugend vermitteln.

Denn ohne exzellente, beeindruckende Bewerbungsunterlagen haben Sie kaum eine Chance auf ein Vorstellungsgespräch. In der Regel entscheiden Ihre eingereichten, schriftlichen Unterlagen, ob sich auf Arbeitgeberseite Interesse an Ihrer Bewerbung entwickelt und man neugierig auf Ihre Person wird. In der Konsequenz verbindet sich das dann mit dem Wunsch, Sie persönlich kennen lernen zu wollen.

33 Welche Bedeutung haben Zeugnisse und Anlagen?

Keine geringe. Sie sollten – mit Kenntnissen in der Geheimsprache – in jedem Fall wissen, wie gut und aussagekräftig Ihre Arbeitszeugnisse wirklich sind. Ein Anlageverzeichnis, eine servicefreundliche Lesehilfe, die sich ab etwa fünf Anlagen wirklich lohnt, ist ein Hinweis auf eine strukturgebende Qualität, über die Sie verfügen.

Bei der Zusammenstellung von zu vielen Anlagen (Zeugnisse, die 20 Jahre und älter sind, Fotokopien von Führerscheinen und anderen für die Bewerbung eher belanglosen Dokumenten) läuft man Gefahr, dass dies im Sinne eines Ausschlusskriteriums gegen den Bewerber verwendet wird. Sie zeigen damit nicht, dass Sie Prioritäten setzen können.

34 Welche Bedeutung hat das Foto?

Das Foto ist der klassische Sympathieträger, ein Hauptargument in Sachen »Persönlichkeit«, mit dem Sie die Auswahlkommission auf Ihre Seite ziehen können. Zu jeder guten Bewerbungsmappe gehört also unbedingt ein gutes Foto.

Wer mit seinem Foto Sympathie mobilisieren kann, hat einfach die besseren Chancen, besonders dann, wenn die papierenen Qualifikationsnachweise doch nicht ganz so eindeutig für Sie sprechen. Die Macht der Bilder (hier des Fotos) sollten Sie also nicht unterschätzen.

Der Weg zur Fotografin, zum Fotografen lohnt sich wirklich. Verwenden Sie also keine Automatenfotos, alten Fotos, Urlaubsbilder oder gar Schnappschüsse von der feuchtfröhlichen Familienfeier, sondern ein ansprechendes professionelles Foto im klassischen Format 5,5 x 4 cm oder etwas größer. Sie können auch ein anderes Format, etwa ein quadratisches, verwenden, nur eine Fanpostkarte sollte es nicht sein. Sie wollen ja keinen narzisstischen Eindruck erwecken.

Das Farbfoto verträgt am besten dezente Farben bei Kleidung und Make-up. Richtig »verkleiden« müssen Sie sich zum Fototermin natürlich nicht, aber überlegen Sie sich auch hier, welchen Eindruck Sie machen wollen. Wir empfehlen Schwarzweißfotos.

35 Worauf wird bei der Analyse des Fotos geachtet?

Auf Ihrem Bewerbungsfoto sollten Sie sich von Ihrer Schokoladenseite zeigen: in berufsangemessener (Ver-)Kleidung, gepflegt und gute Laune ausstrahlend. Bewerberinnen dürfen dezent geschminkt sein.

Auf folgende vier Kriterien wird geachtet:

→ den Gesichtsausdruck/die Mimik,
→ die Kleidung bzw. das, was man von ihr sieht,
→ die Qualität des Fotos,
→ das Format.

Lassen Sie sich gleich mehrere Male fotografieren. Legen Sie die Bilder Ihrem Lebenspartner, Freunden und Bekannten vor und diskutieren Sie das »wohlgefälligste«, sympathischste und zugleich passendste Foto. Wir haben die Erfahrung gemacht, dass die Bewerbungskandidaten selten in der Lage sind, ein ansprechendes Foto von sich selbst auszuwählen. Dies überlassen Sie besser der Mehrheitsentscheidung von Personen aus Ihrem Umfeld, denen Sie vertrauen.

36 Warum sollte man auch etwas über Hobbys, Interessen und Engagement in der Freizeit mitteilen?

Sage mir deine Hobbys, und ich sage dir, wie du bist. Eine Art Visitenkarte Ihrer Persönlichkeit wird auf diese Weise kommuniziert – und um Ihre Persönlichkeit geht es ja primär beim Entscheidungsprozess für einen Bewerber, der zu einer Einladung führen kann.

Beispielsweise hat ein Hobby wie Bierdeckel- und Zuckerstückchen-Sammeln natürlich einen anderen Einfluss auf den Verlauf Ihres Bewerbungsvorhabens als Bungee-Jumping oder der Hinweis auf Ihren Pilotenschein. Das gilt ebenso für spezielle Interessen oder besondere ehrenamtliche, politische Engagements. Es liegt auf der Hand: Ihr ehrenamtliches Engagement bei der Telefonseelsorge wird ein anderes Interesse beim Arbeitgeber auslösen wie die Mitgliedschaft beim Kampfhundeverband. Im ersten Fall wird vielleicht Ihre soziale Kompetenz, Ihre Zuhörfähigkeit und Geduld bewundert – im negativen Sinne aber auch Ihr Helfersyndrom herausgestellt; im zweiten Fall stehen eventuell Ihre politische Einstellung und Ihr Aggressionspotenzial zur Diskussion – oder man traut Ihnen zu Ihren Gunsten eine Menge Power zu.

Hier liegen Chancen und Risiken eng beieinander. Und das Meinen wir nicht bezogen auf das Bungee-Jumping. Generell könnte man sagen: Wenn aus dem Hobby Eigenschaften und Verhaltensmerkmale abzuleiten sind, die für das Berufsleben wichtig sein könnten, sollten Sie nicht zögern, dies in Ihren Unterlagen zu vermitteln.

37 Mit welchem Zeitaufwand ist bei der Erstellung der schriftlichen Unterlagen zu rechnen?

Wenn Sie eine gute Vorbereitung betrieben haben, müssen Sie für die erste Bewerbungsmappe immer noch vorsichtig geschätzt mit 20 bis 80 Stunden harter Arbeit am PC rechnen.

Da es um eine Werbeaktion in eigener Sache geht, ist es nicht nur gerechtfertigt, sondern auch hilfreich, sich zu verdeutlichen, dass Sie mit all Ihren schriftlichen Bewerbungsunterlagen eine Art »Verkaufsprospekt« präsentieren. Dieser besteht üblicherweise aus mehreren Unterlagen: Bewerbungsanschreiben, beruflicher Werdegang etc. (siehe Seite 52ff).

38 Was hat denn nun die größere Bedeutung – Anschreiben, Lebenslauf oder die Zeugnisse?

Ihr Werbeprospekt in eigener Sache (Lebenslauf) kommt an erster Stelle, dann die Empfehlungsschreiben (Zeugnisse) und – mit noch größerem Abstand deutlich nachgeordnet in seiner Bedeutung – Ihr Begleitschreiben. Wenn auch alle drei Dokumente in ihrer Gesamtbedeutung nicht zu unterschätzen sind, in der Gewichtung gibt es schon deutliche Unterschiede.

39 Was sind die Kardinalfehler bei der schriftlichen Bewerbung?

Die häufigsten Fehler sind Unterschätzung der Bedeutung der schriftlichen Bewerbung, mangelnde Vorbereitung, diffus formulierte bis keine Werbebotschaft, wenig überzeugende Argumente in den entscheidenden Punkten Kompetenz, Leistungsmotivation und der Vermittlung Ihrer Persönlichkeit.

Hinzu kommen leider immer noch jede Menge dummer Formfehler wie z.B. falsche Orthografie, Unübersichtlichkeit, fehlende Unterschrift etc. Es ist also kein Wunder, wenn Personalentscheider beklagen, dass sie etwa 80 Prozent der Bewerbungsunterlagen sofort zur Seite auf den Stapel Z (zurück zum Absender) legen müssen.

40 Nach welchen Auswahlkriterien werden die zahlreich eingehenden Bewerbungsunterlagen sortiert?

Ein Bewerber, der berechtigte Hoffnung weckt, die arbeitsplatzspezifischen Anforderungskriterien einigermaßen zu erfüllen, wird bereits in die engere Auswahl genommen. Wichtig ist es jedoch außerdem, sich positiv aus der Masse hervorzuheben und beim Auswähler Interesse und Neugier zu wecken. Hieraus wird deutlich, dass diese Entscheidung auch stark durch Gefühle beeinflusst und nicht nur rational begründet ist.

Vereinfacht ausgedrückt: Es werden drei Stapel gebildet. Ein großer – zurück zum Absender (ca. 80 Prozent). Ein kleiner – eventuell interessant, aufheben (ca. 15 Prozent). Ein ganz kleiner – interessant, nochmals genau prüfen. Nur die Kandidaten dieses Stapels haben eigentlich Chancen, eingeladen zu werden.

41 Wie viel Zeit nimmt sich eigentlich ein Personalentscheider für meine schriftlichen Unterlagen?

Manche Personalentscheider behaupten, in weniger als einer Minute herausfinden zu können, ob der Kandidat sie interessiert. Andere investieren zwei, drei bis (selten) fünf Minuten. Ihre Unterlagen haben also verdammt wenig Zeit, um zu überzeugen, vor allem wenn man berücksichtigt, dass heutzutage auf eine Stellenanzeige (z.B. in Berlin, im Bereich Sekretariat) zwischen 150 und 500 Bewerbungsunterlagen kommen. Diese Zahl sieht für junge Juristen oder Ingenieure nicht sehr viel anders aus.

42 Gibt es so etwas wie einen Leitfaden für die Erstellung meiner Bewerbungsunterlagen?

Denken Sie daran, es geht um Ihren ersten guten Eindruck. In der Werbepsychologie gibt es eine Grundformel, die beschreibt, wie Wirkung erzielt werden kann, und die Sie sich für alle Ihre Bewerbungsschritte zu Eigen machen sollten: die AIDA-Formel.

Bei AIDA steht

A für attention (Aufmerksamkeit erzeugen)
I für interest (Interesse wecken)
D für desire (Wunsch auslösen, zum Vorstellungsgespräch einzuladen)
A für action (die konkrete Aktion der Einladung auslösen)

Es kommt darauf an, dass Sie Aufmerksamkeit und Interesse wecken, um den entscheidenden Schritt »Einladung zu einem Vorstellungsgespräch« auszulösen. Stellen Sie alle Ihre Argumente in kurzer, komprimierter Form dar. Der Leser, Ihr zukünftiger Arbeitgeber, soll neugierig werden auf Ihre weiteren Unterlagen und natürlich auf ein persönliches Kennenlernen.

Das Schlagwort »time is money« bedeutet in diesem Zusammenhang, dass Arbeitgeber Ihnen nicht viel Zeit lassen, sich zu bewähren. Häufig treffen sie schon beim Lesen des Anschreibens die Entscheidung, ob Sie für den weiteren Auswahlprozess infrage kommen oder ob gleich die nächste Bewerbung zur Hand genommen und Ihnen eine Absage erteilt wird. Ein US-Psychologe machte bloße zehn Sekunden als durchschnittliche Zeit aus, die über ein Ja oder Nein entscheidet.

43 Welche Verpackung und Versandart ist empfehlenswert?

Sie sollten vor allem auf Sorgfalt achten. Was innen top ist, muss auch äußerlich exzellent aussehen. Stabile und praktische, aber gleichzeitig auch präsentable Mappen und Umschläge erhalten Sie in größeren Schreibwarengeschäften. Daneben finden Sie im Handel eine umfassende Reihe an speziellen Bewerbungsmappen. Stark im Kommen sind die dreiteiligen, wie Altarbilder aufklappbaren. Diese mögen für Hochschulabsolventen geeignet sein, für Führungskräfte ab 45000 Euro p.a. sind sie es sicher nicht. Viele Arbeitsplatzanbieter sind angesichts der Flut teurer und aufwendig ausgestatteter Verpackungsmappen eher hilflos und überfordert. Für Azubis wie für einfachere Berufe gilt: Weniger ist oft mehr, was nicht bedeutet, dass es nicht trotzdem gut aussehen kann. Lassen Sie sich am besten beraten, um die besten Produkte ausfindig zu machen. Aber schicken Sie Ihre Unterlagen bitte nicht per Einschreiben oder Eilzustellung, der einfache Postweg genügt.

44 In welchem Zeitraum sollte ich meine Bewerbungsunterlagen nach dem Erscheinen einer Stellenanzeige abschicken?

Das kommt auf Ihre Ausgangssituation an. Generell gilt: Man sollte sie nicht unbedingt am selben oder darauf folgenden Tag abschicken, aber auch nicht erst nach vier Wochen. Zu unterscheiden ist noch, ob die Anzeige in einem Printmedium oder im Internet geschaltet wird. Bei Letzterem kann man sofort mit einer E-Mail reagieren. Beim Stellenangebot am Wochenende in der überregionalen Zeitung ist es besser, ein paar Tage zu warten und dann erst zu telefonieren.

Wer extrem schnell reagiert, vermittelt den Eindruck, es besonders nötig zu haben, wer zu lange wartet, erscheint wenig motiviert. Zwischen diesen beiden Extremen gilt es, den goldenen Mittelweg zu finden. Und der ist für einen gestandenen Handwerker ein wenig anders als für einen jungen Hochschulabsolventen.

Als (Langzeit-)Arbeitsloser oder frischer Hochschulabsolvent, der den Eintritt ins Berufsleben vorbereitet, sollte man möglichst innerhalb einer Woche nach Erscheinen der Stellenanzeige antworten. Als Führungskraft können Sie schon sieben bis zehn Tage verstreichen lassen. Aber auch nach drei Wochen darf man sich – besser vorab telefonisch – noch mit seinen Unterlagen ins Gespräch bringen. Ausnahmen sind natürlich Anzeigen, die eine ausdrückliche Bewerbungsfrist setzen, wie z.B. im öffentlichen Dienst.

45 Wie kann ich meine schriftlichen Unterlagen noch zusätzlich positiv unterstützen?

Die Frage zeigt, dass hier strategisch gedacht wird. Unsere Antwort:
1. durch ein vorab geführtes Telefonat, möglichst mit dem Personalauswähler selbst oder
2. durch die persönliche Abgabe der Unterlagen, falls der Arbeitsplatzanbieter sich in zumut- und erreichbarer Nähe befindet.

In beiden Fällen kann es zu einem enorm wichtigen, mehr oder weniger ausführlichen (Vorstellungs-)Gespräch kommen, auf das man natürlich dann unbedingt vorbereitet sein muss.

46 Muss ich meinen Unterlagen für alles einen amtlichen Beweis beifügen?

Klares Nein. Sie müssen Fotokopien wie beispielsweise von Arbeits- und Ausbildungszeugnissen nicht beglaubigen lassen. In der Regel ist man auch bereit, Ihnen zu glauben, wenn Sie entsprechende Aussagen in Ihren Unterlagen machen, wie zum Beispiel zu PC-Kenntnissen, Führerschein und Ähnlichem.

47 Immer wieder hört man: bloß kein farbiges Schreibpapier!

Dies kann man so nicht sagen. Sie entscheiden, was Ihnen gefällt. Für Ihre Entscheidung sollten Sie das Vertrauen in Ihre Fähigkeit haben, einschätzen zu können, was auf der Auswählerseite gut ankommt.

Ob allerdings feuerrotes Schreibpapier für eine Bewerbung bei der städtischen Feuerwehr der Hit ist, und dann noch mit roter Tinte geschrieben, sei dahingestellt. Sicherlich sind grelle Schockfarben als Briefpapier nicht jedermanns Sache. Lassen Sie am besten den guten Geschmack walten, oft ist ja weniger mehr.

48 Wie viel Geduld muss ich nach dem Versand meiner Unterlagen aufbringen, bevor ich etwas über die (Vor-)Entscheidung höre?

Heutzutage eine ganze Menge Geduld. Sie können unmöglich bereits nach zwei, drei Tagen anrufen und fragen, ob die Unterlagen auch eingetroffen sind. Unternehmen, die einen Zwischenbescheid versenden (»Vielen Dank für Ihre Bewerbung, wir bitten noch um etwas Geduld ...«) sind aus Kostengründen äußerst selten geworden. Die Geduld, die auf der Bewerberseite vorausgesetzt wird, hat sich vervielfacht.

Trotzdem dürfen Sie nach drei, vier Wochen, wenn Sie gar nichts gehört haben – natürlich höflich, bloß nicht vorwurfsvoll – nachfragen, wie es mit dem Auswahlverfahren vorangeht.

49 Kann man noch etwas Sinnvolles tun, wenn man seine Bewerbungsunterlagen mit einer Absage zurückbekommt?

Ja. Überlegen Sie, was zu verbessern wäre. Wenn Sie von sich und der angestrebten Position überzeugt sind, können Sie z.B. telefonieren oder erneut schreiben. Mit anderen Worten: nachverhandeln. Aber nicht etwa in dem Sinne, dass Sie inquisitorische Fragen stellen nach dem »Warum laden Sie mich eigentlich nicht zum Vorstellungsgespräch ein ...?«

Denkbar ist auch ein so genannter Absage-Nachfassbrief, in dem Sie nochmals zum Ausdruck bringen, dass Sie die Entscheidung zwar akzeptieren (was bleibt Ihnen auch anderes übrig), aber Ihre entscheidenden Verkaufsargumente in eigener Sache noch einmal sehr geschickt vortragen. Diese Aktion ist auch ein deutlicher Beweis für Ihren Leistungswillen und Ihr Durchhaltevermögen. Es kommt häufiger zu einer positiven Umstimmung auf der Arbeitgeberseite, als Sie sich sicherlich vorstellen können.

50 Wie kann ich mich in der Gestaltung der schriftlichen Unterlagen deutlich positiv von anderen Bewerbern unterscheiden?

Ganz einfach, indem Sie die Empfehlungen aus diesem Buch beherzigen. Beachten Sie die entscheidenden Weichensteller: Ihre Aussagen, Ihre Botschaften zu den »Verkaufs«-Argumenten Kompetenz, Leistungsmotivation und Persönlichkeit.

Besonders wichtig ist auch die formal-ästhetische Gestaltung Ihres »Verkaufsprospekts«, schlicht Bewerbungsmappe oder Lebenslauf genannt. Beeindruckende Beispiele finden Sie in den Ratgebern aus unserer Reihe *Die perfekte Bewerbungsmappe*, die Originalbeispiele der Unterlagen erfolgreicher Kandidaten im DIN-A4-Format präsentieren. Einen besonders wichtigen Aspekt stellt dabei auch das Foto dar, aber dazu mehr an anderer Stelle (siehe Seite 55f., 152ff.).

Ein weiterer, sicherlich außergewöhnlicher Baustein für Ihre Bewerbungsunterlagen wäre eine »dritte Seite«. Diese darf eine persönliche Botschaft enthalten, die Ihren Bewerbungsbemühungen und Verkaufsargumenten in eigener Sache einen besonderen Dienst erweist. In unseren Spezialbüchern zum Thema schriftliche Bewerbungsunterlagen widmen wir diesem Baustein mehrere ausführliche Kapitel.

Auf die äußere Form – den Umschlag, das Bindesystem, die Verpackung – legen viele Kandidaten zu wenig Wert. Auch hier kann man sich mit einem Minimum an Aufwand wohltuend abheben.

Schriftliche Bewerbungsunterlagen: Zwei Beispiele

Wie eine optimal gestaltete Bewerbungsunterlage aussehen könnte, wollen wir im Folgenden am Beispiel eines Lebenslaufes veranschaulichen. Um deutlich zu machen, worauf es besonders ankommt, zeigen wir Ihnen zwei Varianten. Das erste Beispiel weist einige Mängel auf und ist verbesserungsfähig. Die zweite Fassung ist dann eine überarbeitete Version, mit der Sie als Bewerber mit Sicherheit überzeugen. Zu allen Beispielen finden Sie gesonderte Kommentare.

1. Beispiel

Lebenslauf

Persönliche Daten:

Name	Birgit Müller
Anschrift	Hasensprung 1 A 14194 Berlin (Wilmersdorf) Tel. 030/8128270
Geburtsdatum	27.09.1960
Familienstand	ledig, keine Kinder

Schulbildung

1966–1976	Haupt- und Handelsschule Hamburg
1976–1980	Ausbildung zur Industriekauffrau Hamburg
1981–1984	Staatliches Abendgymnasium Hamburg Abschluss: Abitur

Beruflicher Werdegang

1980–1984	Industriekauffrau Hamburg
10/1984–06/1989	Chefsekretärin Chemie AG München
07/1989–03/1998	Informationsmanagement Pharma Grün München
Seit 04/1998	Informationsmanagement Altvater Chemie-Werke AG Berlin

Weiterbildung

04/1989–03/1993	Ausbildung zur staatl. geprüften Dokumentarin Anerkennungsjahr Institut für Dokumentation München

Berlin, den 01. Mai 2000

Birgit Müller

2. Beispiel

Birgit Müller
*27.09.1960 in Hamburg
ledig, keine Kinder

Angestrebte Tätigkeit: Sachbearbeiterin

Berufserfahrung

seit 04/1998

Altvater Chemie-Werke AG
Berlin
Position: Informationsmanagement
Literaturrecherchen, Datenbankarbeit,
Öffentlichkeitsarbeit

04/1989–03/1993

Institut für Dokumentation
München
Ausbildung u. Anerkennungsjahr als
staatl. geprüfte Dokumentarin
Schulung in Informationsmanagement,
EDV u. Wirtschaftsenglisch

07/1989–03/1998

Pharma Grün
München
Position: Informationsmanagement
Informationsplanung, Organisation, Fachkorrespondenz
Erstellung von Werbemitteln

10/1984–06/1989

Chemie AG
München
Position: Chefsekretärin

1980–1984	**Industriekauffrau** **Hamburg**

Schul- und Berufsausbildung

1981–1984	**Staatliches Abendgymnasium** **Hamburg** Abschluss: Abitur
1976–1980	**Ausbildung zur Industriekauffrau** **Hamburg**
1966–1976	**Haupt- und Handelsschule** **Hamburg**

Sprachkenntnisse

Sehr gute Englischkenntnisse in Wort
und Schrift
Gute Orthografie-, Interpunktions- und
Grammatikkenntnisse der deutschen
Sprache (alte und neue Rechtschreibung)
Korrespondenzerfahrung

EDV-Erfahrung
Textverarbeitung mit Word
Tabellenkalkulation mit Excel

Kurzschrift
Gute Stenografiekenntnisse und
schreibtechnische Fertigkeiten

Führerschein
Klasse 3

Engagement
Mitglied im Naturwissenschaftlichen Verein Berlin

Interessen
Wandern, Literatur des Bethel-Kreises

Zu meiner Person
Mein Lebenslauf steht für kontinuierliche Weiterbildung, Leistungsbereitschaft und Lernfähigkeit. Das Abitur am Abendgymnasium und die Qualifizierung zur Dokumentarin belegen dies.

Ich verfüge über fundierte Erfahrungen in den Bereichen Organisation und Administration. Zu betonen sind meine guten Sprachkenntnisse und deren Anwendungssicherheit.

Die Arbeit hat in meinem Leben, da ich Single bin, einen besonderen Stellenwert, sodass Arbeitsaufgaben für mich eine wichtige Rolle spielen. Ich würde mich sehr gern mit vollem Engagement der von Ihnen beschriebenen Aufgaben widmen.

Berlin, 1. Mai 2000

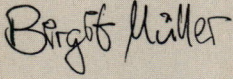

In der **ersten Version** präsentiert sich die Kandidatin wenig überzeugend. Der kurze, einseitige Lebenslauf löst keine Neugier auf die Bewerberin aus. Die Form ist einfach zu schlicht, zu langweilig. Hinzu kommt die Frage, was sie aktuell eigentlich macht. Auch die Formulierung »Berlin, den 01.Mai 2000« schreibt man so nicht mehr, und man vergisst auch nicht zu unterschreiben. Aber aus Fehlern lernen wir. Alles in allem: Der Misserfolg dieser Bewerbung ist garantiert.

Die **zweite Version** ist ein deutlich gelungeneres Beispiel. Die für die berufliche Entwicklung gewählte knappe Präsentationsform kommt ohne die traditionelle Überschrift »Lebenslauf« aus und beinhaltet ein gutes Maß an Information. Die Themenabfolge »Beruf« (inklusive Weiterbildung) – »Schule« – »Berufsausbildung« überzeugt sofort. Die besonderen Kenntnisse und Fähigkeiten werden vielleicht sogar etwas zu massiv dargestellt bzw. wiederholt. Die Abschnitte »Engagement« und »Interessen« führen sicherlich zu Nachfragen, und das unten angefügte Statement ist nicht nur außergewöhnlich, sondern auch ein guter Grund für eine Einladung.

EINSTELLUNGSTESTS

51 Was ist von einer Personalauslese wie zum Beispiel dem Assessment Center zu halten?

Die Einladung zu einem mehrstündigen, bisweilen mehrtägigen Assessment Center, dem nach allgemeiner Einschätzung härtesten Personalausleseverfahren, stellt schon eine sehr spezielle Herausforderung für die Kandidaten dar.

Verschiedene Übungen und Rollenspiele in einer Gruppe von Kandidaten ermöglichen den Beobachtern und Auswählern einen unmittelbaren Vergleich zwischen den Bewerbern. Es gilt, für die Kandidaten eines Assessment Centers, verschiedene Gruppendiskussionen, Vortrags- und Präsentationsübungen zu überstehen und sowohl in schriftlichen Testverfahren wie z.B. Intelligenz-, Leistungs-, Konzentrations- und Persönlichkeitstest als auch bei der klassischen Postkorbübung einen guten Eindruck zu machen. Die Postkorbübung beinhaltet die Bearbeitung von Postunterlagen, die sich während Ihrer Abwesenheit angesammelt haben. Es sind fiktive Problemstellungen aus verschiedenen Bereichen, die in kürzester Zeit durchgelesen und begründet abgearbeitet werden müssen.

Auch wenn diese Auswahlverfahren nicht das halten, was sie versprechen – nämlich eine optimale Eignung für einen Arbeitsplatz/Beruf vorherzusagen – ist auf jeden Fall eine gute Vorbereitung unbedingt notwendig. Sie verhalten sich als Bewerber grob fahrlässig, wenn Sie glauben, ein Assessment Center aus dem Stegreif erfolgreich bewältigen zu können.

52 Sind diese Auswahlverfahren so zuverlässig und so gut, wie von Arbeitgeberseite häufig behauptet wird?

Ganz sicher nein. Der Wunsch, in die Zukunft, hier in Ihre berufliche Entwicklung, zu schauen, ist ungefähr so alt wie die Menschheit und leider immer noch unerfüllt.

Sie finden in der gesamten wissenschaftlichen Fachliteratur immer wieder die Quintessenz, dass man sich bei allem Bemühen lediglich an ein Ideal annähern kann. Nun sind 95 Prozent auch eine „Nurannäherung", aber eben fast schon 100 Prozent. In dem Versuch jedoch, den richtigen Kandidaten für den richtigen Arbeitsplatz zu finden, liegt der Personalverantwortliche aber noch weit unter der Marke von 50 Prozent.

53 Kann man sich überhaupt auf solche Prüfungen vorbereiten, und ist dies wirklich sinnvoll?

Ja! Denn auf Bewerbungen, Tests und Vorstellungsgespräche kann man sich vorbereiten wie auf andere Prüfungen auch. Es gibt zum Glück einschlägige Testvorbereitungs- und Trainingsbücher, und auch zum Assessment Center ist bereits einiges veröffentlicht (siehe Hinweise auf S. 152).

54 Aus welchen Einzelbausteinen besteht ein Assessment Center?

Die Assessment-Center-Konstrukteure nennen die Assessment-Center-Aufgabentypen gern Arbeitsproben oder Übungen. Doch diese harmlos klingenden Bezeichnungen sollten nicht darüber hinweg-täuschen, dass es sich bei den einzelnen Aufgabentypen des Assessment Center um knallharte Prüfungen handelt.

Die wichtigsten im Assessment Center gebräuchlichen Einzelverfahren sind

→ individuell auszuführende Arbeitsproben und Aufgabensimulationen (darunter sind zu verstehen: Organisations-, Planungs-, Entscheidungs-, Kontroll- und Analyseaufgaben)
→ Gruppendiskussion (mit und ohne Rollenvorgabe)
→ Gruppenaufgaben mit Wettbewerbs- und/oder Kooperationscharakteristik
→ Vorträge und Präsentationen
→ Rollenspiele (meist zu zweit, z.B. Verkaufs-, Mitarbeiter-, Problem-/Konfliktgespräch)
→ Einzel-, Gruppen- und Panelinterviews

55 Worauf kommt es beim Assessment Center wirklich an?

Verkürzt gesagt: Sie müssen – wie übrigens im Vorstellungsgespräch auch – Sympathie für sich mobilisieren. Daneben spielen noch andere Faktoren eine Rolle.

Mit dem Assessment Center wartet ein zum Teil recht ausgeklügeltes Ausleseverfahren auf Sie. Entscheidend ist, dass Sie durchschauen, worum es bei diesem Auswahlverfahren wirklich geht. Die Prüfer sprechen davon, dass sie die Eignung des Bewerbers testen wollen, die sie in aller Regel an drei Kriterien festmachen:

1. Kompetenz (bedeutend): Haben Sie berufsrelevante Erfahrungen, Kenntnisse, Eigenschaften?
2. Leistungsmotivation (wichtig): Sind Sie engagiert? Haben Sie Biss? Sind Sie wirklich lern-, einsatz-, arbeitswillig? Können Sie sich ausreichend stark mit der Aufgabe/dem Unternehmen identifizieren?
3. Persönlichkeit (absolut entscheidend): Sind Sie sympathisch? Anpassungsfähig? Passen Sie zur Firma?

Allerdings sind diese drei wichtigsten Untersuchungsgegenstände nicht immer ganz klar voneinander abgrenzbar. So könnte man z.B. zu testende Eigenschaften wie Verantwortungsbewusstsein, Zuverlässigkeit und Teamfähigkeit allen drei Kategorien zuordnen. Die wichtigsten Stichwörter sind in diesem Zusammenhang soziale Kompetenz und emotionale Intelligenz.

56 Was wird mit Persönlichkeitstests geprüft?

Im Wesentlichen geht es bei dieser Testart um vier Persönlichkeitsmerkmale, aufgrund derer man glaubt, entscheiden zu können, ob Sie für eine bestimmte Position der richtige Bewerber sind:

→ Emotionale Stabilität,
→ Kontaktfähigkeit,
→ Leistungsbereitschaft,
→ Geschlechtsidentität.

Ein Bewerber gilt als emotional stabil, wenn er z.B.
→ in Stresssituationen kühl und überlegt handelt,
→ nicht grundlos Stimmungsschwankungen unterliegt,
→ nicht von diffusen Ängsten und Sorgen gequält wird,
→ keine Schuldgefühle kennt.

Jemand wird als kontaktfähig eingestuft, wenn er z.B.
→ von der Grundstimmung her Optimist ist,
→ sich zusammen mit vielen Menschen wohl fühlt,
→ sich gern mit Freunden trifft.

Leistungsbereitschaft drückt sich aus, wenn man z.B.
→ Arbeiten nicht aufschiebt,
→ begonnene Arbeiten nicht liegen lässt,
→ planvoll arbeitet, überlegt und organisiert und sich vorher genau überlegt, was zu tun ist.

Die Kategorie Geschlechtsidentität ist vonseiten der Tester in Personal- und Persönlichkeitsfragebögen eindeutig nach gängigen männlichen Rollenklischees ausgerichtet – auch Bewerberinnen werden bisweilen an diesem dubiosen Maßstab gemessen. Mit der

Geschlechtsidentität ist demnach »alles in Ordnung«, wenn man z.B.

→ optimistisch eingestellt ist,

→ keine Angst kennt,

→ nicht schreckhaft ist,

→ nicht zu sentimental ist,

→ handfeste körperliche Tätigkeiten mag,

→ nicht viel über die Liebe nachdenkt,

→ an Sport interessiert ist.

57 Was kann man gegen Aufregung und Prüfungsangst bei Test- und Bewerbungssituationen tun?

Vorbereiten, üben, wissen, worum es geht und worauf es ankommt. In besonders gravierenden Fällen von Prüfungsangst sollte man sich nicht scheuen, auch psychotherapeutische Hilfe in Anspruch zu nehmen. Dazu gibt es hilfreiche, für den Leser gut lesbare Bücher zur Bewältigung von Prüfungsangst. Nicht zu empfehlen sind Experimente mit Beruhigungstabletten im Selbsttherapieverfahren.

Ein wichtiger Hinweis kann die Beschäftigung mit der Frage sein: Was befürchte ich konkret, wenn die Prüfung schief geht? Schreiben Sie sich zunächst hierzu alles auf, was Ihnen einfällt. Sie müssen sich mit dieser quälenden Frage schriftlich auseinander setzen, die Ausführungen gegenlesen lassen und diskutieren. Notieren Sie, wie sie in der Prüfung bzw. im Vorstellungsgespräch sind, und was Sie antworten können, wenn Sie nichts mehr wissen. Wenn Sie sich eine Zeit lang mit diesem Thema beschäftigt haben, wird sich Ihre Angst reduzieren, bestenfalls sogar weichen, weil Sie selbst erkennen: So wichtig Ihnen diese Prüfungsauswahlsituation erscheint, sie hat auch nur einen begrenzten Wert, eine relative Bedeutung in Ihrem Leben.

TELEFONIEREN

58 Welche Einsatzmöglichkeiten gibt es für das Medium Telefon in der Bewerbungssituation?

Die meisten Bewerber unterschätzen die Chancen, die der gezielte Einsatz des Telefons in ihrem Bewerbungsvorhaben birgt: Lediglich zehn Prozent der Kandidaten greifen während der Stellensuche zum Hörer. Die »schweigende Mehrheit« dagegen pirscht sich nur schriftlich an die begehrten Arbeitsplätze heran. Ein strategischer Fehler, wie wir meinen.

Diese vier Möglichkeiten des effektiven Einsatzes des Mediums Telefon bei der Bewerbung sollten Sie nutzen – eine gute Vorbereitung der jeweiligen Gesprächssituation vorausgesetzt:

1. Informationen sammeln
2. Kontakt aufnehmen
3. Kontakt halten
4. Nachfassen

59 Was sind die Essentials für einen erfolgreichen Umgang mit dem Medium Telefon bei der Bewerbung?

Das Telefon ist das am häufigsten eingesetzte Kommunikationsinstrument, um Informationen von A nach B zu transportieren. Umso unverständlicher, dass sich viele Bewerber unendlich schwer damit tun, Ihre potenziellen Arbeitgeber anzurufen. Viele haben Angst, nicht die richtigen Worte zu finden oder einen schlechten Eindruck zu machen.

Dabei liegen die Vorteile eines Telefonats klar auf der Hand: Durch einen Anruf kann man sich bereits im Vorfeld der Sichtung der schriftlichen Bewerbungsunterlagen positiv von anderen Kandidaten abheben. Schließlich suchen die meisten Unternehmen heute kontaktfreudige und kommunikative Mitarbeiter. Ein gut vorbereitetes Telefongespräch ist also die beste Möglichkeit, die eigene Kommunikationsfähigkeit unter Beweis zu stellen. Hier können bereits die Weichen in Richtung Interesse an Ihnen als potenzieller neuer Mitarbeiter wirksam gestellt werden, kann eine erste bedeutsame Sympathieattribution erfolgen. Und Sie wissen bereits: Der Faktor Sympathie entscheidet maßgeblich bei der Bewerberauswahl mit.

60 Was ist bei der Vorbereitung auf ein wichtiges Telefongespräch zu beachten?

Vielleicht denken Sie jetzt: *Telefonieren kann doch jeder ..., dazu braucht es keine Vorbereitung.* Dies ist zwar richtig, aber Sie wollen bei der ersten Kontaktaufnahme ja nicht klingen *wie jeder*. Deshalb ist eine gezielte Vorbereitung so wichtig.

Stehen Sie auf, wenn Sie telefonieren. Das gibt Ihrer Stimme Kraft und vermittelt einen dynamischen Eindruck. Wenn Ihr Telefon es erlaubt (und Sie gerade nichts notieren müssen), können Sie während des Gesprächs auf und ab gehen. Ziehen Sie sich für ein wichtiges Telefonat (fast) an wie für ein Vorstellungsgespräch. Mit Jogginganzug und Hausschuhen, zusammengesunken auf Ihrem Sofa, werden Sie andere nicht überzeugen können. Schauen Sie in einen auf dem Schreibtisch aufgestellten Spiegel – lächeln Sie sich selbst an. Nicht grinsen! Sie werden sehen, wie positiv dies Ihre Ausstrahlung am Telefon beeinflusst.

Beachten Sie auch die folgenden Tipps:

→ Vermeiden Sie verräterische Hintergrundgeräusche.
→ Verfassen Sie eine auf den speziellen Anruf zugeschnittenes Telefonskript.
→ Formulieren Sie möglichst konkret.
→ Zeigen Sie Präsenz am Telefon (ohne das Zuhören zu vergessen).
→ Je häufiger Sie das Telefon in der Bewerbungssituation einsetzen, umso geübter und auch erfolgreicher werden Sie.

61 Wie reagiere ich, wenn mich der potenzielle Arbeitgeber anruft?

Auch Personalchefs greifen während der Bewerberauslese zum Telefon. Sie rufen immer häufiger ohne Vorwarnung bei den Kandidaten an und verschaffen sich auf diese Weise Zugang zu deren Privatsphäre. Wie reagiert der Bewerber auf diese unerwartete Situation? Wer meldet sich zuerst am anderen Ende der (Bewerber-)Leitung? Mit wem lebt der Kandidat zusammen? Wie ist sein privates Umfeld? Manche Personalleiter ziehen daraus Schlüsse und entscheiden so, wen es lohnt, zum Vorstellungsgespräch einzuladen.

Die Person, die anruft, ist immer im Vorteil. Sie hat sich auf das Gespräch vorbereitet, während Sie wahrscheinlich nicht einmal wissen, wer dieser Herr Schmidt ist, der sich gerade bei Ihnen meldet (Freitagabend, 21 Uhr oder Samstagmorgen 9 Uhr). Was können Sie also tun? Eine klassische Lösung ist: »Guten Tag Herr Schmidt. Ich verabschiede gerade meinen Besuch./Ich habe gerade den Paketdienst an der Tür. Kann ich Sie gleich zurückrufen?« (Vergessen Sie nicht, nach der Telefonnummer zu fragen, bevor Sie auflegen.)

Nun haben Sie ein paar Minuten Zeit, einen Blick in Ihre Notizen zu werfen und sich innerlich auf das Gespräch einzustellen. Kopien Ihrer Bewerbungsanschreiben und eine Liste der Adressaten sollten immer griffbereit neben dem Telefon liegen, denn nach 20 Bewerbungen können Sie nicht mehr genau wissen, was Sie wem und wie geschrieben haben.

Besonders auf die leicht provozierende Frage des Personalchefs – ob sie nun ausgesprochen wird oder nicht – »Warum sollten wir ausgerechnet Sie einladen?« müssen Sie gut vorbereitet sein. Sie sollten aus dem Stegreif Ihre individuelle Werbebotschaft, also Ihre Verkaufsargumente in eigener Sache überzeugend vortragen können. Das bedeutet auch, dass man nicht erst mit der Einladung zu einem Vorstellungsgespräch beginnen sollte, die richtige Verkaufsargumentation zu entwickeln und einzuüben, sondern bereits mit den schriftlichen Unterlagen, spätestens nach Versand. Nur so machen Sie am Telefon einen überzeugenden Eindruck.

62 Wie reagiere ich beim Anruf eines Headhunters?

Hier ein paar generelle Tipps für den Umgang mit Headhuntern:

→ Bleiben Sie bei der ersten Kontaktaufnahme sehr zurückhaltend. Informieren Sie sich zunächst über den Headhunter oder die Personalberatungsfirma. Es soll sogar Firmen geben, die ihr eigenes Führungspersonal durch Headhunter auf Loyalität überprüfen.

→ Vermeiden Sie beim ersten Anruf die Frage: »Warum sind Sie gerade auf mich gekommen?« Das würde sehr unprofessionell wirken.

→ Bleiben Sie auch im weiteren Verlauf der Verhandlungen mit dem Headhunter »cool«. Lassen Sie es sich bloß nicht anmerken, dass Sie dringend einen neuen Job brauchen. Wer zu starke Freude bzw. Narzissmus zeigt oder gar von seiner großen Chance spricht, gilt als schwacher Kandidat. Understatement ist gefragt.

→ Wenn Sie momentan nicht wechseln wollen, zeigen Sie sich dennoch interessiert-kooperativ, um in der Headhunter-»Kartei« zu bleiben – wer weiß, ob nicht in drei bis sechs Monaten bei einem neuen Angebot Ihr Standpunkt dazu ganz anders aussieht.

Aber Vorsicht: Mit einem Headhunterangebot den eigenen Chef unter Druck setzen zu wollen, kann leicht schief gehen. Letzten Endes sind alle enttäuscht: Der Headhunter, weil Sie doch nicht wirklich wechseln wollen, Ihr Chef, weil Sie ihn im Grunde erpresst haben, und Sie, weil sich das Ganze schlecht auf Ihre Zukunft in der Firma auswirkt.

63 Warum benötigt man in der Bewerbungssituation unbedingt einen Anrufbeantworter?

Wenn Sie überzeugende Bewerbungsmappen verschicken, werden Arbeitgeber sich häufig spontan mit Ihnen in Verbindung setzen wollen, weil sie neugierig geworden sind, wer hinter diesen Unterlagen steckt oder weil man eine Stelle wirklich kurzfristig neu besetzen will.

Spontan heißt in den meisten Fällen telefonisch, denn dies geht wesentlich schneller und mit bedeutend weniger Arbeitsaufwand als auf dem Postweg. Stellen Sie sich vor, Sie sind nicht zu Hause, wenn der Personalchef Sie erreichen möchte: Er mag zweimal Ihre Nummer wählen und vielleicht auch dreimal, aber spätestens dann wird er die Lust verlieren und schließlich andere Bewerber anrufen. Wenn er eine Nachricht auf Band hinterlassen kann, bleiben Ihre Chancen gewahrt.

Sprechen Sie eine freundlich-verbindliche, professionell klingende Ansage auf Ihren Anrufbeantworter und verabschieden Sie sich von akustischen Visitenkarten mit Jux, Musik und der »Hallo-Du«-Kumpelei, »Ich bin nicht zu Hause, du kannst mir aber gerne …« Ihre Ansage sollte sachlich, präzise und nicht zu lang sein. Nennen Sie Ihren Namen und bedanken Sie sich beim Anrufer. Achten Sie darauf, dass Sie gut gelaunt sind, wenn Sie Ihre Ansage aufnehmen. Stellen Sie sich vor, wie es auf Fremde wirken muss, wenn ihnen eine schroffe Stimme entgegenschlägt. Ob Sie in Ihrem Text ankündigen wollen »Ich werde mich so bald wie möglich bei Ihnen melden«, müssen Sie entscheiden. Der Anrufer wird es Ihnen verübeln, wenn Sie dieses Versprechen nicht einhalten.

STELLENGESUCH

64 Welche Bedeutung hat das Stellengesuch?

Große! Wer in die Offensive geht und selbst ein Stellengesuch in die Zeitung setzt, signalisiert vorab bereits Leistungsbereitschaft und Motivation. Umso mehr überrascht es, dass die meisten Stellengesuche eintönig, geradezu langweilig und wenig aussagekräftig formuliert sind. Das, was die Inserenten ihren potenziellen Arbeitgebern in der Zeitung anbieten, bleibt oft farblos und austauschbar. Die Folge: Die Anzeige löst bei den meisten Personalentscheidern eher ein Achselzucken aus als den Wunsch, mit dem Inserenten Kontakt aufzunehmen. Ausgangspunkt und Basis der Gestaltung eines erfolgreichen Stellengesuchs sind kurze, prägnante Antworten auf die Ihnen schon bekannten zentralen Fragen: Wer bin ich? Was kann ich? Was will ich?

65 Worauf kommt es bei der Gestaltung eines eigenen Stellengesuchs vor allem an?

Neben der Auswahl des richtigen Mediums und eines günstigen Zeitpunkts sind es vor allem diese beiden Dinge:

→ Die Überschrift muss bereits beim Überfliegen der Zeitungsseite anziehen, »fesseln« und neugierig machen.
→ Der gesamte Text muss eine hohe Zahl von relevanten Informationen transportieren und damit den Leser bzw. die Leserin für Sie »erobern«.

Folgende Angaben dienen lediglich als Eckwerte und nicht als feste Vorgabe.

Ihr Text sollte enthalten:

→ Ihre wichtigsten fachlichen Qualifikationen,
→ Ihre beruflichen Erfolge,
→ eine präzise Angabe, was Sie suchen,
→ Ihr Alter und Geschlecht,
→ gegebenenfalls eine Angabe zu Ihrer Mobilität.

Wenn Sie sich (noch) in ungekündigter Stellung befinden, erwähnen Sie das in jedem Fall. Sind Sie arbeitslos, ist das Stellengesuch nicht der Ort, sich zu »outen«.

Obwohl Arbeitslosigkeit kein Hinweis auf mangelnde Qualifikation oder fehlende Leistungsbereitschaft ist, wird sie immer noch von vielen Chefs so bewertet. Daher sollten Sie den Ausdruck arbeitslos in Ihrem Stellengesuch absolut vermeiden. Wenn man Sie bei der Kontaktaufnahme danach fragt, geben Sie an, dass Sie sich weiterbilden, freiberuflich tätig sind oder Ähnliches. Ebenso empfehlen wir Ihnen, Angaben wie suche dringend oder zum baldmöglichsten Termin zu vermeiden. Sie wollen doch nicht von vornherein Probleme bei der Arbeitsplatzsuche signalisieren.

Für alle Formulierungen gilt: Seien Sie immer klar und verständlich, und wiederholen Sie nicht im Text, was bereits in der Überschrift steht. Erwähnen Sie keine Selbstverständlichkeiten wie zuverlässig oder korrekt. Sprechen Sie nicht von neuen Wirkungskreisen oder von interessanten Aufgaben. Niemand weiß, was darunter zu verstehen ist.

Alle Aussagen müssen spezifisch und präzise sein. Nennen Sie Ross und Reiter! Machen Sie eine klare Angabe zu der Stellung, die Sie suchen. Wer nicht genau weiß, was er eigentlich sucht, wird von den meisten Personalentscheidern nicht ernst genommen. Überlassen Sie es den Lesern, Ihnen möglicherweise ein von Ihrem eigentlichen Beruf abweichendes Angebot zu machen!

66 Wie viel kostet ein eigenes Stellengesuch?

Größe, grafische Gestaltung und Kosten der Anzeige sind von Bedeutung. Bei Fragen können Sie sich auch an die Anzeigenberater der Zeitungen wenden.

→ Größe: Ein zu kleines Stellengesuch signalisiert ebenso wie ein zu großes, dass etwas nicht in Ordnung ist! Der Inserent unter- oder überschätzt sich! Wenn Sie sich ausführlich mit den Stellengesuchen der anderen Inserenten befasst haben, können Sie besser einschätzen, welche Größe für Sie infrage kommt.

→ Kosten: Eine Sachbearbeiterin, die mit einer Viertelseite für sich wirbt, investiert nicht nur viel Geld (ab 2500 Euro aufwärts), sondern würde auch Befremden auslösen. Dagegen dürfte ein Manager, der ein Jahresgehalt von 50 000 Euro und mehr anstrebt, mit einer einspaltigen 20-mm-Kleinanzeige (für weniger als 100 Euro) allenfalls einen Heiterkeitsausbruch erzielen. Als Faustregel gilt: in einer überregionalen Zeitung bis zu 1 Prozent Ihres anvisierten Jahresgehalts, regional bis zu 0,5 Prozent.

Und noch etwas: Haben Sie Geduld. Bis zu drei Versuche sollten Sie sich schon gönnen.

INITIATIVBEWERBUNG

67 Welche Chancen hat eine Initiativ-bewerbung?

Experten gehen davon aus, dass mehr als 20 Prozent aller Arbeits-plätze über eine Initiativbewerbung »erobert« werden. Personalchefs interpretieren diese Form des Vorgehens als Hinweis auf eine starke Motivation und zielorientiertes, aktiv-dynamisches, erfolgsorientier-tes Vorgehen. Logisch, dass solche Bewerber bevorzugt werden, wenn es die Stellensituation zulässt.

Ihre Initiativbewerbung wird entweder dann erfolgreich sein, wenn sie beim potenziellen Arbeitgeber auf einen gerade aktuellen Bedarf stößt, der sich genau mit Ihrem Arbeitsangebot deckt. Ein Mitarbei-ter fällt unvorhergesehen infolge von Krankheit, Weggang etc. aus, oder es entsteht ein personeller Mehrbedarf durch einen plötzlich er-höhten »Arbeitsanfall«, z.B. durch einen Großauftrag o.Ä. Eine an-dere Möglichkeit ist, dass es Ihnen gelingt, durch eine geschickte Präsentation Ihrer Fähigkeiten einen latenten oder ganz neuen Bedarf überhaupt erst zu wecken.

68 Worauf kommt es bei einer Initiativ-bewerbung besonders an?

Das entscheidende Kommunikationsziel bei der Initiativbewerbung ist die gekonnte Beantwortung der Fragen, warum man sich gerade für dieses spezielle Unternehmen interessiert und was man Besonderes anzubieten hat. Natürlich sind das Aspekte, die es bei jeder Bewerbung inhaltlich auszufüllen gilt, bei einer Initiativbewerbung ist dies jedoch eine ganz besondere Herausforderung, denn es kommt darauf an, einen vielleicht noch gar nicht erkannten Bedarf zu wecken.

Und das bedeutet, Werbung in eigener Sache zu machen. Erinnert sei an die AIDA-Formel aus der Werbepsychologie (siehe Seite 63). Also müssen Sie sich bei einer Initiativbewerbung extrem sorgfältig vorbereiten und in Ihrer schriftlichen Argumentation besonders klug durchdacht auftreten. Ihre zentralen Botschaften sollten Auge, Herz und Verstand des Lesers und Entscheiders in kürzester Zeit erfolgreich und überzeugend erreichen und den unbedingten Wunsch auslösen, Kontakt mit Ihnen aufnehmen zu wollen.

69 Was macht eine Initiativbewerbung besonders erfolgreich?

Wenn auch eine Initiativbewerbung bei der Eroberung eines Arbeitsplatzes keine »Wunderwaffe« ist, so stellt doch die hierbei besonders notwendige intensive Vorbereitung – insbesondere zu Fragen wie »Was für ein Mensch bin ich? Was kann ich? Was will ich? Was ist möglich?« – eine gute Basis für einen Erfolg dar.

Hinzu kommt der positive Effekt, dass man mit seiner Initiativbewerbung eben nicht einer von 100, 500 oder gar 1000 Bewerbern ist, die sich auf eine Stellenanzeige anbieten, sondern den Vorteil der Singularität genießen kann.

INTERNET

70 Welche Bedeutung hat das Internet für Stellensuche und Bewerbung?

Eine große. Inzwischen nutzen sehr viele Fach- und Führungskräfte das Internet für die erste Kontaktanbahnung mit Interessenten für einen zukünftigen Job. Der schier überwältigende Informationswust des globalen Netzes erschwert jedoch bisweilen die Jobsuche.

Immer mehr Unternehmen nutzen nicht nur die Printmedien, um ihre Stellenangebote zu veröffentlichen, sondern auch das Internet. Neben vielen nützlichen Informationen bieten Arbeitgeber auf ihren Internetseiten die Möglichkeit an, vakante Stellen per Mausklick abzufragen. Zusätzlich inserieren viele Firmen in elektronischen Jobbörsen, die durch die verschiedenen Internet-Browser angeboten werden.

Es gibt fünf Situationen, in denen Sie das Internet für Ihre Bewerbung gezielt nutzen können:

1. die wichtigste: die Suche nach Informationen über Arbeitgeber
2. die Suche nach den Stellenangeboten der Zeitungen
3. die Suche nach Stellenangeboten auf den Seiten der Firmen
4. die Suche auf virtuellen Arbeitsmärkten
5. die elektronische Kontaktaufnahme

71 Gibt es empfehlenswerte Internetadressen für die schnelle Orientierung auf dem Jobmarkt?

Ja. Hier die wichtigsten Adressen für die nationale und internationale Stellensuche. Die wichtigsten Online-Stellenbörsen:

www.monster.de
Weltweit über 1 000 000 Stellenangebote.

www.jobpilot.de
Etwa 46 000 Stellenangebote.

www.stepstone.de
Es gibt nur noch etwa 7 500 Stellenangebote, die Position des schwedischen Unternehmens ist deutlich geschwächt.

www.wwj.de (World Wide Jobs)
117 000 Stellenangebote – überwiegend im Fach- und Führungskräftebereich.

www.arbeitsamt.de
Hier gibt es Stellenangebote für alle, die Datenbank ist jedoch unkomfortabel; die Suche per Stichwort ist immer nocht recht unerfreulich.

Die wichtigsten Jobsuchmaschinen:

www.zeit.de
www.jobworld.de
www.jobrobot.de

Die Suchmaschinen »durchkämmen« bestimmte Plattformen von Medien, virtuellen Stellenbörsen etc.

72 Was ist von Bewerbungen per E-Mail zu halten?

Über das Internet können Sie direkt, via E-Mail mit Ihrem potenziellen zukünftigen Arbeitgeber in Kontakt treten. Das ermöglicht Ihnen, mehr Information über die ausgeschriebene Stelle zu erbitten oder sich auf diesem eher informellen Weg schon einmal vorzustellen.

Bedenken Sie jedoch: Die Kontaktaufnahme per E-Mail ist zwar ein schneller, kostengünstiger und bequemer, nicht aber immer der sicherste Kommunikationsweg. Je nach Branche reagieren Personaler unter Umständen noch zurückhaltend auf elektronische Anfragen oder rufen E-Mails unbekannter Herkunft gar nicht erst ab. Es kann auch vorkommen, dass Ihre elektronische Post bei Ihrem Ansprechpartner nicht ankommt. Daher sollten Sie sich nicht entmutigen lassen, wenn auf Ihre E-Mail nicht geantwortet wird!

Sehen Sie das Internet einfach als eine weitere, aber eben nicht ausschließliche Möglichkeit der Kontaktaufnahme an. Falls Sie keine Antwort bekommen, greifen Sie auf die traditionellen Kommunikationsmittel Telefon und Brief zurück.

Eine Ausnahme bildet wenig überraschend die Computer- und Multimediabranche. Dort wird heutzutage fast die gesamte Kommunikation übers Netz abgewickelt. Dies bedeutet, dass Sie sich mit dem Medium schnellstens vertraut machen sollten, falls Sie einen Job in der EDV-Branche anstreben.

VORSTELLUNGSGESPRÄCH

73 Wie muss man sich den Ablauf eines Vorstellungsgesprächs konkret vorstellen?

Am besten in zehn Phasen:

1. Begrüßung und Einleitung des Gesprächs
2. Motive der Bewerbung und Leistungsmotivation
3. Ausbildung und berufliche Vorerfahrungen
4. Persönlicher, familiärer und sozialer Hintergrund
5. Gesundheitszustand
6. Berufliche Kompetenz und Eignung
7. Informationen für den Bewerber
8. Arbeitskonditionen
9. Fragen des Bewerbers
10. Abschluss des Gesprächs und Verabschiedung

74 Worin besteht die eigentliche Herausforderung im Vorstellungsgespräch?

Im Wesentlichen in der erfolgreichen Vermittlung Ihrer »Werbebotschaften in eigener Sache«, d.h. welchen Eindruck Sie hinterlassen möchten.

Schreiben Sie sich nach Abschluss Ihrer Überlegungen zur Vorbereitung eines Vorstellungsgespräches eine Art »Drehbuch«. Beschreiben Sie darin Ihre wesentlichen beruflichen und (in Grenzen) persönlichen Merkmale, Eigenschaften und Charakterzüge, die Sie vermitteln wollen. Notieren Sie sich auch, wie Sie diese glaubhaft belegen können.

Das Fragenrepertoire für jede der zehn Phasen des Vorstellungsgespräches ist begrenzt. Für den Gesamt-Pool von maximal etwa 150 Fragen gilt: Nicht alle können Ihnen auf einmal in einem ersten Gespräch gestellt werden. Rechnen Sie mit einer Auswahl von etwa 10 bis 15 pro Fragestunde. Die wichtigsten zehn Kernfragen kommen in fast allen Gesprächen zum Einsatz (s.a. S. 121).

75 Was ist bei der organisatorischen Vorbereitung zu beachten?

Planen Sie genügend Zeit für Ihre Anreise ein, mit Berücksichtigung eventuell auftretender Verzögerungen (Staus etc.). Sollten Sie zu einem Vormittagstermin eingeladen sein, ist es von Vorteil, einen Tag oder am Abend vorher am Zielort zu sein.

Es empfiehlt sich, den Ort dieses für Sie bedeutsamen Treffens vorab wenigstens einmal von außen »besichtigt« zu haben. So kennen Sie den Anreiseweg, wissen, wo man parkt bzw. wie man zu dem Gebäude, in dem das Vorstellungsgespräch stattfindet, gelangt, kennen Wegezeiten, haben sich mental und auch emotional schon ein bisschen eingestimmt.

Auch wenn Sie glauben, den Weg gut zu kennen, können Sie nicht sicher sein, dass Sie z.B. in einem labyrinthartigen Bürogebäudekomplex gleich den kürzesten Weg und das richtige Zimmer finden. Es ist also besser, eine Viertelstunde zu früh da zu sein als zehn Minuten zu spät. Natürlich dürfen Sie nicht übertreiben. Insbesondere sollten Sie im Vorzimmer des Geschehens nicht mehr als fünf Minuten vor dem vereinbarten Termin eintreffen. Wer 20 Minuten zu früh »aufkreuzt«, macht einen denkbar schlechten Eindruck.

Entscheidend ist, so ausgeruht wie nur irgendmöglich zu sein. Sollten Sie sich wider Erwarten an einem so wichtigen Tag krank fühlen – aus welchen Gründen auch immer –, ist es sinnvoller, den Termin abzusagen, als mit allen sichtbaren und unsichtbaren Befindensbeeinträchtigungen, z.B. einer schweren Erkältung, anzutreten und sich nicht optimal präsentieren zu können.

76 Was sind die häufigsten Fehler, die Kandidaten im Vorstellungsgespräch machen?

Der Kardinalfehler: Die meisten Bewerber bedenken nicht, dass es sich beim Vorstellungsgespräch um eine mündliche Test- und Prüfungssituation handelt, auf die man sich gut vorbereiten kann. »Es wird schon klappen, persönlich komme ich ja immer recht gut an«, lautet die hoffnungsfrohe Devise, die schon so manchen Kandidaten kurz vor dem Ziel hat unnötigerweise straucheln lassen.

In der Regel läuft ein Vorstellungsgespräch nach einem bestimmten Schema ab, das auf Ausbildung und Erfahrung des Gesprächspartners auf der Arbeitgeberseite basiert. Dem etwas entgegenzusetzen erfordert auf der Bewerberseite ebenfalls eine gute Vorbereitung. Hier drängt sich der Vergleich mit einem Schauspieler auf, der sich um ein Engagement bewirbt und eine Rolle vorsprechen bzw. vorspielen muss. Auch er hätte ohne Vorbereitung, Übung und präzises Rollenstudium keine Chance. Schon der Begriff »Vorstellung« deutet auf die Parallele zum Theater hin, was für den Kandidaten aber nicht heißen darf, lediglich etwas notdürftig Auswendiggelerntes schlecht vorzutragen.

Mit der Einladung zum Vorstellungsgespräch investiert die Personalauswählerseite Zeit, Geld und Aufmerksamkeit. Wer jetzt als Bewerber diffus daherredet, gar langweilt und nicht in der Lage ist, ein klares Bild von sich und seinen Fähigkeiten zu vermitteln, darf sich nicht wundern, wenn er beim Publikum durchfällt.

Gelingen oder Misslingen eines Vorstellungsgesprächs hängt entscheidend mit davon ab, wie sympathisch Sie auf den Auswähler wirken. Es geht um den berühmt-berüchtigten ersten Eindruck, in dem bei zwei Gesprächspartnern, die sich bisher unbekannt waren, die

Weichen in Richtung einer positiven (Sympathie) oder negativen Gefühlsreaktion (Antipathie) gestellt werden. So gesehen sind die ersten Minuten eines Vorstellungsgespräches von entscheidender Bedeutung.

77 Wie kann man seine Aufregung beim Vorstellungsgespräch bekämpfen?

Bloß nicht durch Psychopharmaka oder andere Drogen. Das beste Mittel gegen die Angst ist eine gute Vorbereitung mithilfe der einschlägigen Fachliteratur. Es empfiehlt sich auch, zu Übungszwecken Vorstellungsgespräche bei Arbeitgebern wahrzunehmen, bei denen man gar nicht unbedingt einen Job haben will.

Bei gravierender Prüfungsangst kann es sehr hilfreich sein, psychotherapeutische Beratung in Anspruch zu nehmen.

78 Welche Kleidung ist für das Vorstellungsgespräch zu empfehlen?

Heutzutage kleidet man sich für ein Vorstellungsgespräch wieder gediegen, zurückhaltend-vornehm, eher konservativ. Gefragt ist auch bei Damen die schlichte Eleganz. Wir empfehlen Ihnen, sich doch einfach mal typische Berufsvertreter in der von Ihnen angestrebten Position anzusehen und sich für Ihr Vorstellungsoutfit an deren Kleidung zu orientieren.

Verdeutlichen Sie sich, dass Sie nach dem Bewerbungsanschreiben mit Ihrem Erscheinungsbild eine weitere Arbeitsprobe und Visitenkarte abgeben. Vermeiden Sie es möglichst, besser gekleidet zu sein als Ihr Gegenüber, und verzichten Sie auf jede Extravaganz, also auf ein grelles, poppiges, übertriebenes Make-up – mit vielleicht einer Ausnahme: Sie bewerben sich bei einer Werbeagentur.

Es geht um die gepflegte Gesamterscheinung: Angefangen von der Frisur über das Make-up bei Damen (Bartträger, meine Herren, haben es besonders schwer), bis zu Kleidung, Schuhen und Accessoires (Brille, Uhr, Schmuck, Tasche und Tuch) – alles muss aufeinander abgestimmt sein, zu Ihnen passen, Ihre persönliche Note unterstreichen und repräsentieren helfen, Sie vorteilhaft »verkaufen«.

Ob es Ihnen nun passt oder nicht, die Spiel-, d.h. in diesem Fall Verkleidungsregeln sind streng. Sie entscheiden, wie Sie sich an Ihrem potenziellen Arbeitsplatz einordnen, anpassen wollen. Und genau das ist es, was man dann auch sehen möchte: Wissen Sie, was man von Ihnen erwartet, und spielen Sie mit? Ein noch so talentierter Mitarbeiter kann, ja darf einfach auch an einem heißen Sommertag nicht in kurzen Hosen auftauchen. Zugegeben ein etwas überspitztes Beispiel, aber plastisch!

Sollten Sie zu einem »Auswärtsspiel« fernab von der Heimat anreisen, gilt es, auch an Ersatzkleidung zu denken, falls z.B. im Flugzeug eine Tasse Kaffee auf Ihrem Anzug oder Kostüm »landet«. Ersparen Sie sich den Stress, noch in letzter Minute einen Kostümverleih oder eine Schnellreinigung ausfindig machen zu müssen.

79 Wird im Vorstellungsgespräch auf die Körpersprache geachtet?

Ja. Viele Personalchefs und Taschenpsychologen glauben, die Körpersprache zu beherrschen, oder besser: zu verstehen. Der Körper lügt angeblich nicht. Erhobener Zeigefinger, hochgezogene Augenbrauen, gerümpfte Nase und eine in Falten gelegte Stirn sprechen eine deutliche Sprache. Wer die Hände im Schoß faltet oder hinter dem Kopf verschränkt, gibt seiner Umwelt bewusst oder unbewusst Signale. Nur welche, das ist hier die Frage.

Personalauswähler hantieren gerne mit Listen, aus denen sie schnell ablesen können, was eine bestimmte Haltung, Geste, Mimik usw. angeblich für eine Bedeutung hat – auf ähnlich düsterem Niveau wie die diversen Traumdeutungsbücher, die einem aufs Stichwort verraten, was der Traum der vergangenen Nacht bedeutet.

Nicht nur was Sie sagen, sondern besonders das *Wie* ist nicht ganz zu Unrecht Anlass für Interpretationen und damit Orientierungs- und Entscheidungshilfe. Das trifft vor allem für das Vorstellungsgespräch zu. Ein Bewerber, der mit zitternden Händen und Schweißperlen auf der Stirn unruhig hin und her schaukelnd berichtet, wie er ein neues Außendienstabrechnungssystem entwickelt und durchgesetzt hat, wirkt nun einmal nicht sehr überzeugend.

Schön wäre es ja schon, wenn man den Leuten von der Nasenspitze ablesen könnte, ob sie gerade flunkern oder bei der Wahrheit bleiben. Die Wahrheit ist jedoch immer subjektiv, und von allem stimmt ja auch stets das Gegenteil.

80 Was sind die wirklich entscheidenden, wichtigen Fragen im Vorstellungsgespräch?

1. Erzählen Sie uns etwas über sich.
2. Warum bewerben Sie sich für diese Position?
3. Warum sind Sie für uns der richtige Kandidat?
4. Was erwarten Sie für sich/von uns/dem Job?
5. Was sind Ihre Stärken/Schwächen?
6. Was möchten Sie in drei/fünf/zehn Jahren erreicht haben?
7. Warum machen Sie das, was Sie machen (Beruf/Position/ Aufgabe)?
8. Wo liegen Ihre Arbeitsschwerpunkte?
9. Was machen Sie, wenn Sie nicht arbeiten?
10. Welche Fragen haben Sie an uns?

81 Worauf kommt es in der Eröffnungs- und in der Abschlussphase eines Vorstellungsgesprächs besonders an?

Bevor das typische Frage-und-Antwort-»Spiel« anfängt, wird das Vorstellungsgespräch meistens durch Smalltalk eingeleitet.

Es geht hier um den berühmten ersten Eindruck, für den Sie keine zweite Chance bekommen. Nutzen Sie also die ersten Minuten dieser Begegnungssituation, um Sympathie entstehen zu lassen.

Versuchen Sie, gelassen zu wirken, (einigermaßen) selbstsicher zu erscheinen. Vermeiden Sie es, abgehetzt, angespannt und nervös zu wirken. Lächeln Sie Ihr Gegenüber freundlich an, halten Sie Blickkontakt. Es geht in dieser allerersten Phase um die direkte persönliche Kontaktaufnahme, um Ihr Äußeres, Ihr Auftreten und Ihre Umgangsformen.

Kommen Sie pünktlich oder auf die letzte Minute? Wirken Sie gehetzt, ängstlich-nervös oder ruhig, natürlich und gelassen – ohne übertriebene Selbstsicherheit, Plumpheit oder sogar Arroganz? Sind Sie anpassungsfähig – vor allem aber: Machen Sie einen sympathischen (ersten) Eindruck?

In der Abschlussphase des Gesprächs geht es um den Versuch eines angenehmen »Abgangs«, von der Arbeitgeberseite natürlich auch unter dem Aspekt der Imagepflege für das Unternehmen/die Institution. Man wird sich bei Ihnen für den Besuch, die Bewerbung und das gezeigte Interesse bedanken. Das sollten Sie dann ebenfalls tun.

Wichtig ist nun eine Klärung, wie es weitergeht, wer voraussichtlich wann zu einer Entscheidung gelangt. Dies muss jedoch Ihrerseits ohne Bedrängung, Ungeduld, Selbstzweifel oder gar Verzweiflung vorgetragen werden.

Eine mögliche Frage wäre also: »Was meinen Sie, wie sollten wir verbleiben? Soll ich Sie anrufen – sagen wir in einer Woche – oder melden Sie sich, bekomme ich Nachricht von Ihnen?«

Noch ein Hinweis: Keepsmiling. Beim Rausgehen vor der Bürotür auf jeden Fall die Contenance bewahren. Die Tür nicht zuknallen, nicht erleichtert aufatmen (und wenn, nur ganz leise), keine Flüche, gegen wen auch immer, weiterhin aufrecht gehen ...

82 Warum machen Vorstellungsgespräche Kandidaten in der Regel solche Angst? (Stichwort Prüfung)

Es handelt sich hierbei um eine klassische mündliche Prüfungssituation. Je nach Vorerfahrung haben wir es leichter oder schwerer, mit Prüfungen klarzukommen. Beruhigend wirkt vor allem eine optimale Vorbereitung.

Vier Hauptaspekte sind dabei zu berücksichtigen:
→ die eigene Ausgangsposition und die des Gegenübers,
→ Detailwissen über die Firma bzw. Institution,
→ Kenntnis des Gesprächsablaufs und der zu erwartenden Fragen,
→ der organisatorische Teil (Anreise, Kleidung usw.).

Für alle vier Aspekte gilt: Wissen ist Macht, und Übung macht den Meister. Je besser Sie sich auf die Prüfungssituation, das Vorstellungsgespräch, vorbereiten, umso gelassener können Sie auf heikle und schwierige Fragen reagieren. Halten Sie sich den Tag, an dem das Gespräch stattfinden soll, frei von anderen Verpflichtungen.

83 Worauf kommt es aus der Sicht des Personalauswählers beim Vorstellungsgespräch an?

Personaler wollen in der direkten Begegnung mit Ihnen wissen, ob Sie zum Unternehmen, in das vorhandene Team passen. Dabei geht es um persönliche und anforderungsbezogene Eignungsmerkmale wie z.B. Leistungsmotivation, Anpassungsfähigkeit und Kompetenz. Ebenso achtet man bei Ihnen auf äußere Merkmale wie Aussehen, Auftreten, »Manieren« sowie auf das sprachliche Ausdrucksvermögen.

Die entscheidenden Auswahlkriterien im Vorstellungsgespräch sind zu etwa 70 Prozent Ihre Persönlichkeit und nur zu etwa 10 Prozent Ihre fachliche Kompetenz. Bleiben noch 20 Prozent für Ihre Leistungsmotivation.

Zur Mobilisierung von Sympathiegefühlen kommt es immer dann, wenn Ihr Gegenüber den (ersten) Eindruck und die Hoffnung gewinnt, dass Sie einen Beitrag zu seiner Bedürfnisbefriedigung (Erfolg, Macht etc.) leisten können. Vice versa: Das Gefühl der Antipathie basiert auf dem Eindruck, dass der andere zur eigenen Bedürfnisbefriedigung keinen oder einen zu geringen Beitrag leisten kann.

Sympathiefördernd sind vor allem Identifikationsvorgänge (»Mein Gegenüber ist ja genau so/ähnlich wie ich«) und biografische Gemeinsamkeiten (z.B. bezüglich früherer Wohnorte, Ausbildungsinstitutionen, Arbeitgeber usw.).

84 Wie verhält man sich bei schwierigen und gemeinen Fragen?

Hilfreich ist es in jedem Fall, die verschiedenen Frage- und Antworttechniken zu kennen und zu wissen, wie man auf unangenehme Fragen flexibel reagieren kann.

Wichtig zu wissen ist, dass der Bewerber auf unzulässige Fragen, die keinen Bezug zum Arbeitsplatz haben und in den per Grundgesetz geschützten Privatbereich der Persönlichkeit eindringen (z.B. politische Präferenz, gewerkschaftliches Engagement) laut Bundesarbeitsgericht ein Recht auf »Notlüge« hat. Das bedeutet, er darf so antworten, wie es seinem Interesse, den Arbeitsplatz zu erobern, am ehesten entspricht.

Konkret bedeutet dies: Sie dürfen »lügen«, wenn man Sie fragt, was Sie in Ihrer Freizeit machen, denn in den seltensten Fällen wird es einen direkten Zusammenhang zwischen Ihrem Job und Ihrer Freizeitgestaltung geben. Das gilt auch für Fragen nach Ihren privaten, häuslichen Verhältnissen, Lebenspartnern, Kindern etc. Sie müssen also nicht wahrheitsgemäß antworten und Ihrem potenziellen Arbeitgeber darüber Rechenschaft ablegen, dass Ihr Jüngster die Klasse wiederholt, schlechte Noten und ein Drogenproblem hat, dass Sie zum zweiten Mal verheiratet sind und Ihre jetzige Ehe schon wieder am Ende ist, dass Sie Ihren Überziehungskredit schon seit Monaten ausgeschöpft haben usw.

Und Sie fühlen sich gesund – das ist schließlich Ihr subjektives Gefühl, Sie sind nicht bei dem Arzt Ihres Vertrauens – und an Ihren Heuschnupfen oder Ihre sonstigen Allergien denken Sie bitte eben mal nicht (siehe auch Frage 88).

85 Welches sind die wichtigsten Regeln für die Gesprächsführung?

Hier sind die Essentials bei der Beantwortung der Fragen im Vorstellungsgespräch:

→ Seien Sie gut vorbereitet.
→ Hören Sie aufmerksam zu.
→ Erkennen Sie den Fragehintergrund, die zugrunde liegende Intention.
→ Nehmen Sie sich Zeit zum Überlegen.
→ Fragen Sie gegebenenfalls nach, ob Sie richtig verstanden haben. (Auch dadurch gewinnen Sie Antwortvorbereitungszeit und wissen besser, »wohin der Hase läuft«.)
→ Überlegen Sie kurz vorher, was Sie mit Ihrer Antwort sagen und erreichen wollen, was Ihr Ziel ist.
→ Was spricht für Sie, was eventuell gegen Sie?
→ Welche Beweise können Sie anbieten?
→ Wie begegnen Sie eventuell Einwänden?

Hoffentlich haben Sie Ihre Vorbereitung mit der Analyse der vier Fragen: Was für ein Mensch bin ich, was kann ich? Was will ich? Was ist möglich? Was ausreichend genug vorangetrieben? Denn dann kennen Sie Ihre Ziele.

86 Gibt es empfehlenswerte Antwort-
techniken?

Bei einfachen Fragen dürften die Antworten für Sie kein so großes
Problem darstellen. Für schwierige, unangenehme Fragen sollten Sie
sich Techniken erarbeiten, die Ihnen für das Überlegen der Antwort
einen gewissen Zeitgewinn ermöglichen. Zum Beispiel bei der Frage
des Interviewers:

»Was machen Sie, wenn wir in der Probezeit feststellen, uns in Ihnen
getäuscht zu haben?«

(Eine nicht ganz leichte Frage, warten Sie einige Sekunden, vermitteln Sie den Eindruck nachzudenken.)
»Mmh …, habe ich Sie richtig verstanden? Sie wollen von mir wissen, wie ich in dem Fall …, also wenn Sie sich für mich entschieden
haben …, wie ich mit dem Problem umgehe, in der Probezeit nicht
Ihre Erwartungen erfüllt zu haben …«

Sehr wahrscheinlich wird der Interviewer jetzt wieder das Wort er-
greifen und – je nachdem, ob er mehr oder weniger Profi ist – seine
Frage kürzer oder länger wiederholen. Nicht selten sogar bis hin zu
sehr ausführlichen, mit deutlichen Hinweisen versehenen Aspekten,
die Ihnen seine Frageintention verdeutlichen. Z.B. mit dem Zusatz,
ob Sie daran denken würden, wieder zu Ihrer alten Firma zurückzu-
gehen. Nun wissen Sie, worum es geht und können gezielt darauf ein-
gehen.

Sicherlich hätten Sie auch so reagieren können:
»Das ist eine interessante Frage …«
»Über diese Frage muss ich erst mal nachdenken …«

»Zugegeben, mit dieser Frage habe ich mich noch nie beschäftigt ...
Ist das jetzt sehr wichtig ...? Hängt davon ... ab?«

Sie könnten aber auch auf eine allgemeinere Ebene ausweichen:
»In dieser Situation würden wohl viele Menschen so und so reagie-
ren. Was meinen Sie? Würden Sie meine Einschätzung teilen ...?«
»Interessant! Ist so etwas bei Ihnen im Unternehmen in der letzten
Zeit vorgekommen ...?«

Wie und was Sie auch immer in dieser Situation antworten würden,
die Beispiele sollen Ihnen zeigen, wie man sogar mit schwierigen Fragen ganz gut fertig werden kann.

87 Wie kann man Einwänden begegnen?

Hier haben sich Standardtechniken der Rhetorik bewährt wie die bedingte Zustimmung, die Umformulierungsmethode, die Verzögerungstechnik und die Vorteil-Nachteil-Methode.

Die bedingte Zustimmung: Darunter versteht man das Herausgreifen eines Teilaspektes des vorgebrachten Einwandes, dem man aus taktischen Erwägungen (bedingt) zustimmt, um daraufhin seinen eigenen Standpunkt umso besser zu präsentieren. Im Anschluss daran relativiert man den vorgebrachten Einwand nun insgesamt und ... gewinnt.

Beispiel: Der Interviewer wendet ein, Sie seien für die verantwortungsvolle Position vielleicht doch noch ein bisschen zu jung.

»Das ist ein wichtiger Punkt, den Sie da ansprechen. Sie haben Recht. Ich bin XX Jahre alt. Sollte man aber die Vergabe dieser wichtigen Aufgabe allein vom Alter des Bewerbers abhängig machen ...?«
»Nein, das sicherlich nicht ...«, wird die Antwort lauten.
»Sehen Sie ..., ich bin ganz Ihrer Meinung. Es gibt da andere, wichtigere Kriterien, die ... Wir sind uns also darin einig, dass ... viel größere Bedeutung hat.«

Die Umformulierungsmethode: Hierbei wird der Einwand durch eine (tendenziöse) Umformulierung weitestgehend entschärft.

»Wenn ich Sie richtig verstanden habe ..., kommt es Ihnen auf die Erfahrung und – sagen wir mal – Reife an, die für die zu besetzende Position mit eine wichtige Rolle spielen sollte ...«
Jetzt können Sie wieder mit Ihren Erfahrungen argumentieren, andere Kriterien in den Vordergrund rücken, als wichtig herausstreichen etc.

Die Verzögerungstechnik: Sie signalisieren, den Einwand verstanden zu haben, und bitten darum, zunächst noch ... dies und das ... sagen, erklären, zeigen, fragen zu dürfen, was Sie dann auch sofort tun und was die ganze Sache möglichst voranbringt. In jedem Fall kommt das Gespräch zu einem anderen Punkt, der den vorherigen Einwand hoffentlich vergessen, nicht mehr interessant erscheinen lässt.

»Eine interessante Frage, kann ich aber zunächst noch einmal darauf hinweisen, dass ...«

Die Vorteil-Nachteil-Methode: »Ich habe Sie doch richtig verstanden – bitte korrigieren Sie mich, wenn ich da irgendwie jetzt falsch bin – Sie meinen also: Das Alter sei für diese Position von großer Bedeutung. Da gebe ich Ihnen natürlich recht. Der Vorteil eines jüngeren Kandidaten liegt bei ..., der Nachteil eines älteren bei ... Aus meiner Sicht ist der Vorteil eines älteren ..., der Nachteil eines jüngeren aber nicht so gravierend, sodass ich hier den Standpunkt vertreten möchte: Der Vorteil eines jüngeren Kandidaten überwiegt doch ganz deutlich ... und ist natürlich auch abhängig von anderen Faktoren wie z.B. ...«

Hier wird der gebotene Einwand scheinbar aufgenommen, Vor- und Nachteile werden abgewogen. Da Sie das selbst formulieren, liegt das Ergebnis in Ihrer Hand und ist damit gut steuerbar. Dies hilft, Ihre Position auszubauen, und in dem Beispiel führen Sie – nicht völlig uneigennützig – gleich weiter zu anderen argumentativen Positionen.

88 Muss man im Vorstellungsgespräch immer absolut bei der Wahrheit bleiben?

Nein. So wie der Gesetzgeber den Begriff Notwehr kennt, existiert für das Bundesarbeitsgericht der Sachverhalt der Notlüge. Darunter ist zu verstehen, dass bestimmte Fragen im Vorstellungsgespräch, z.B. nach der Zugehörigkeit zu einer politischen Partei, nicht wahrheitsgemäß beantwortet werden müssen, wenn der Bewerber davon ausgehen muss, dass von einer bestimmten Antworttendenz die Vergabe des Arbeitsplatzes abhängen könnte.

Bestimmte Fragen und Themen dürfen im Bewerbungsverfahren gar nicht erst behandelt werden. Es sind nur solche Fragen erlaubt, die »arbeitsbezogen« sind, d.h. die mit dem zu besetzenden Arbeitsplatz in direktem Zusammenhang stehen.

Unzulässig ist die Ausforschung der politischen Meinung ebenso wie Fragen nach (auch früherem!) gewerkschaftlichem Engagement oder Privatplänen in puncto Heiraten, Familienplanung, Freizeitgestaltung und Hobbys. Frühere Krankheiten und die Frage nach einer Schwangerschaft sollten genauso tabu sein wie die Frage nach den Berufen von Lebenspartnern (oder anderen Personen, z.B. Eltern, Geschwistern) sowie nach den privaten Vermögensverhältnissen (eventuell Schulden).

»Verboten sind außerdem Fragen nach Vorstrafen, soweit ganz allgemein gefragt wird, also nicht nur nach solchen Vorstrafen, die ›einschlägig‹ sind, unzulässig ist dann konsequenterweise auch das Verlangen, ein polizeiliches Führungszeugnis vorzulegen, nicht statthaft sind schließlich Fragen nach laufenden Ermittlungsverfahren. (...)
Beantwortet der Bewerber eine unzulässige Frage falsch, so hat dies für die Wirksamkeit des Arbeitsvertrages keinerlei nachteilige Folgen. Dies

ist zwangsläufig die Konsequenz des eingeschränkten Fragerechts des Arbeitgebers. Denn das bloße Recht, die Antwort zu verweigern, würde dem Bewerber nichts nützen; hier wäre keine Antwort eben auch eine Antwort. Lassen sich Tatsachen, die der Bewerber nicht anzugeben braucht, aus dem Lebenslauf erschließen, so darf der Bewerber den Lebenslauf insoweit ›normalisieren‹.« (E. Stevens-Bartol, Bewerbung, Einstellung, Vertragsschluss. München 1990, S. 18f.)

89 Bei welchen Fragen kommen die meisten Bewerber »ins Schwimmen«?

Auf zwei wichtige Fragen sind die meisten Bewerber äußerst schlecht vorbereitet: Erstens wenn sich plötzlich das Frage-Antwort-Spiel umkehrt und man selbst aufgefordert wird, Fragen zu stellen, und zweitens, wenn es um die Frage nach den Gehaltsvorstellungen geht.

Seien Sie also informiert, was man für die Position, für die Sie sich bewerben, in der Regel an Gehalt erwarten kann. Die Realisierbarkeit Ihrer Gehaltswünsche hängt von Ihrer Qualifikation und Berufserfahrung ab und natürlich davon, welche zukünftige Leistung Sie glaubwürdig in Aussicht stellen können.

Zeigen Sie bei Gehaltsverhandlungen also das richtige Maß an Besonnenheit, vermitteln Sie aber auch nicht den Eindruck, dass es Ihnen ausschließlich ums Geld geht. Beide Seiten – Arbeitgeber und Arbeitnehmer – müssen in der Gehaltsfrage einen tragbaren Kompromiss finden. Als Kandidat sind Sie keineswegs in der Rolle des Bittstellers und auch eine angespannte Arbeitsmarktlage ist noch lange kein Grund, sich mit »Super-Sonder-Ausverkaufs-Billigpreisen« zu empfehlen.

90 Was ist eigentlich ein Stressinterview, und worauf kommt es dabei an?

Gelegentlich werden Bewerbungsgespräche zum Teil als so genanntes Stressinterview angelegt.

In einer Art Kreuzverhör konfrontiert man Sie mit einer Reihe von unangenehmen und unerwarteten Fragen, um Sie »in die Ecke zu treiben« und stark zu verunsichern. Alles ist darauf angelegt, Ihr Selbstbewusstsein zu erschüttern. Eine Lawine von unglaublichen Beschuldigungen, Sarkasmus, Zynismus, Ironie und hin und wieder ein Kompliment könnte Sie erwarten. Komplimente übrigens nur deshalb, damit Sie – eigentlich fast der Ohnmacht nahe – nicht einfach davonlaufen bzw. schlicht umkippen. Oft fehlt bei diesen Attacken jeder Bezug zum potenziellen neuen Arbeitsplatz.

Behauptet nun ihr Gegenüber im Gespräch, Ihre gesamten Angaben und Aussagen seien »geschönt« oder, noch krasser, »erstunken und erlogen«, man sollte doch jetzt einmal »Klartext miteinander reden«, ist dies möglicherweise der Gong zur ersten Runde.

Wie reagieren Sie darauf? Bloß nicht zu heftig. Bleiben Sie sachlich, gelassen und warten Sie ab. Versuchen Sie, alle Fragen so knapp wie möglich zu beantworten, und stehen Sie auch unangenehme Schweigepausen durch, schweigen Sie mit. Dazu ein kleines Beispiel:

Interviewer: »Finden Sie eigentlich nicht auch, dass Sie für diese Position viel zu unerfahren sind, ohne ausreichende Kompetenz?«

Antwort: »Nein, da bin ich anderer Meinung.« (Und abwarten, nur nicht aus Verunsicherung, Verzweiflung anfangen zu argumentieren.)

Interviewer: »Ich habe den deutlichen Eindruck gewonnen, dass man in Ihrer Abteilung recht froh wäre, wenn Sie die Firma verlassen würden.«

Mögliche Antwort Ihrerseits: »Das ist Ihr subjektiver Eindruck. Ich weiß nicht, wie Sie dazu kommen. Ich sehe das anders.« (und STOPP – nicht weiterreden).

Wenn Sie sich von vornherein darüber im Klaren sind, dass derartige Fragen nur der Provokation dienen, gezielt verletzen sollen, um Sie zum Äußersten zu bringen, dann können Sie entsprechend gelassen und defensiv reagieren. Sollten Sie das zu sehr übertreiben, also zu »cool« bleiben, wird es natürlich noch stärkere Provokationen vonseiten des Interviewers geben.

91 Welche Fragen sollte ich als Bewerber stellen?

An den klug gestellten Fragen erkennt man »einen klugen Kopf«, einen motivierten und kompetenten Bewerber.

Sollten Sie aber mit Themen auffallen, die Sie eigentlich im Vorfeld hätten klären können oder durch aufmerksames Zuhören an einer anderen Stelle des Gesprächs längst hätten »speichern« müssen, erzielen Sie einen negativen Effekt.

Hier einige Beispiele für kluge Fragen:

→ Ist diese Position/dieser Arbeitsplatz neu geschaffen worden oder fester Bestandteil in Ihrem Unternehmen?
→ Wer hat diese Aufgabe bisher wahrgenommen?
→ Mit welchem Erfolg, was gab es für Probleme?
→ Warum ist der Arbeitsplatz frei geworden?
→ Was macht der ehemalige Stelleninhaber jetzt?
→ Haben Sie eine detaillierte Stellenbeschreibung, darf ich sie sehen, mitnehmen?
→ Gibt es ein Organigramm (Organisationsplan), in dem der ausgeschriebene Arbeitsplatz dargestellt wird?
→ Mit welchen Personen, Abteilungen werde ich zusammenarbeiten?
→ Welche speziellen Erwartungen haben Sie an den neuen Stelleninhaber?
→ Was meinen Sie, sollte dieser als Erstes tun, was ist das Wichtigste?
→ Ist die Möglichkeit gegeben, die neuen Kolleginnen und Kollegen, mit denen ich zusammenarbeiten würde, vorab kennen zu lernen?

- → Welchen beruflichen Hintergrund haben die zukünftigen Kollegen, Vorgesetzten?
- → Wie ist die Einarbeitungsphase geplant? (Ansprechpartner, Programm, auch: wo, wie lange?)
- → Welche späteren Entwicklungsmöglichkeiten gibt es für mich von dieser Position?
- → Welche Fort- und Weiterbildungsangebote gibt es in Ihrem Unternehmen?
- → In Ihrer Anzeige (in Ihren Unterlagen) schreiben Sie ... Was verstehen Sie darunter?
- → Welche aktuellen Vorhaben stehen in Ihrem Hause für die nahe Zukunft an?
- → Welche Probleme in Ihrem Unternehmen bedrücken Sie am meisten?
- → Wie würden Sie den Führungs- und Umgangsstil in Ihrem Haus charakterisieren?

92 Worauf kommt es im zweiten Vorstellungsgespräch an?

Bewerber, die nach der ersten Vorstellungsrunde in die engere Wahl kommen, werden in der Regel zu einem zweiten, manchmal sogar zu einem dritten Gespräch eingeladen. Hier geht es darum, offen gebliebene Fragen ausführlich abzuklären, noch einen besseren persönlichen Eindruck zu bekommen und Sie als Kandidaten Ihren potenziellen Kollegen vorzustellen, um gegebenenfalls auch deren Meinung mit zu berücksichtigen.

Geschickte Gesprächsführung Ihrerseits, neue interessante Fragen, Ihre angemessene Bereitschaft, etwas mehr von Ihrer Privatseite zu zeigen, können Ihre Position im kleinen Kreis der wichtigsten Bewerber stärken. Jetzt geht man schon mehr in die wirklichen Details, und sehr bald ist auch der Zeitpunkt erreicht, an dem die Gehaltsfrage intensiver erörtert wird.

Oftmals werden erst jetzt in dieser zweiten Runde die Arbeitsbedingungen und Gehaltswünsche richtig verhandelt. Seien Sie also informiert, was man für die Position, für die Sie sich bewerben, in der Regel an Gehalt erwarten kann. Je nachdem, welche Qualifikation, vielleicht sogar Vorerfahrung Sie einbringen und welche zukünftige Leistung Sie glaubwürdig in Aussicht stellen, werden sich Ihre Gehaltswünsche realisieren lassen.

Ziel eines zweiten Vorstellungsgesprächs ist es, unter der reduzierten Gruppe von Bewerbern (in der Regel zwei bis vier Kandidaten) durch intensives Fragen noch mehr Informationen zu bekommen. Dabei geht es um die Überprüfung, ob der Sympathiebonus, den sich der Bewerber im ersten Gespräch erworben hat, standhält und verstärkt wird. Eine gezielte Hinterfragung kann den Bewerber durchaus in

Verlegenheit bringen, sodass er sich in dieser Stresssituation dann eventuell von einer besonderen, negativen Seite zeigt. Seien Sie also auf diese Aspekte eingestellt und auf der Hut.

93 Gibt es für spezielle Bewerbergruppen spezielle Fragen?

Selbstverständlich: *Azubis* werden mit anderen Fragen konfrontiert als *Hochschulabsolventen*. Beide wird man aber fragen, wie sie zu der Berufswahl bzw. Studienplatzwahl kamen.

Arbeitslose müssen darauf gefasst sein, ihre Situation und wie es dazu kam genauestens zu erklären.

Frauen befragt man gerne nach dem Verbleib der Kinder während der Arbeitszeit und was passiert, wenn die Kinder einmal krank sind.

Führungskräfte haben mit anderen Fragen – z.B. zu Führungsstil und Führungskompetenz – zu rechnen als der Lagerarbeiter oder die Bäckereiaushilfsverkäuferin.

94 Worauf kommt es bei der Nachbereitung an?

Auf das Nachdenken und gegebenenfalls Nachfassen: Wie ist das Vorstellungsgespräch gelaufen? Mit welchen Fragen haben Sie gerechnet, mit welchen nicht? Was ist Ihnen gelungen, was weniger? Was könnten Sie jetzt mit mehr Gelassenheit und Nachdenkzeit besser beantworten? Worauf müssen Sie sich beim nächsten Mal intensiver vorbereiten? Was haben Sie aus all dem gelernt?

Zu diesen wichtigen Nachbereitungsaktivitäten gehört vor allem die Erstellung eines möglichst ausführlichen Gedächtnisprotokolls des gesamten Gesprächsablaufs inklusive aller Personen und deren Namen, die Ihnen begegnet sind. Wenn Sie wissen, wie die Sekretärin des Personalchefs heißt, können Sie diese beim nächsten Telefonat persönlich ansprechen. Vielleicht hilft es, und Sie bekommen durch Ihre nette Ansprache den großen Chef persönlich ans Telefon, obwohl seine Sekretärin ansonsten generell alle Anrufer an diesem Tag abwimmelt.

Zu den besonderen Tricks, sich als Bewerber von anderen deutlich abzuheben, gehört der Nachfassbrief. Ein bis maximal drei Tage nach Ihrem Auftritt abgeschickt wird dieses Schreiben Ihren Gesprächspartner (deshalb sind Namen so wichtig!) veranlassen, sich erneut mit Ihnen zu beschäftigen. In diesem Brief bedanken Sie sich nicht nur für das interessante Gespräch, sondern knüpfen an das an, was offen geblieben ist, was Sie noch nachtragen möchten etc.

95 Wie geht man mit Absagen um?

Was immer die Gründe für eine etwaige Absage sein mögen: Es muss nicht an Ihnen liegen. Selbstverständlich können Sie nachfragen. Ob man Ihnen eine ehrliche Antwort gibt, ist jedoch höchst zweifelhaft. Machen Sie trotzdem gute Miene ...

Bedenken Sie, was Ihnen bei dem Unternehmen vielleicht erspart geblieben ist. Bewerben Sie sich weiter, geben Sie auf keinen Fall auf und verdeutlichen Sie sich immer:

Wir sind nicht auf der Welt, um so zu sein, wie andere uns haben wollen.

GEHALTSVERHANDLUNG

96 Warum tun sich die meisten Bewerber so schwer, wenn das Gespräch auf das Thema Gehalt kommt?

Für viele Mitmenschen ist das Thema Geld von Kindheit an mit Unsicherheit und Schamgefühlen besetzt. Es ist direkt mit ihrem Selbstwertgefühl verbunden, und darüber spricht man nicht so gerne, das verhandelt man nicht offen. Hinzu kommt eine häufig anzutreffende Verunsicherung, ob der Gehaltswunsch angemessen ist, weder zu hoch, noch zu niedrig, und eine merkwürdige Scheu, sich über diesen Bereich adäquat zu informieren.

97 Worauf kommt es bei der Gehaltsverhandlung überhaupt an?

1. Mehr Mut, überwinden Sie Ihre Scheu, über Geld zu sprechen.
2. Bereiten Sie sich gut vor, Sie müssen Ihre »Verkaufsargumente« kennen und können.
3. Sie müssen wissen, was ungefähr für Ihre Leistung von Arbeitgebern in dieser Branche gezahlt wird.
4. Erpresserische Drohungen kommen immer ganz schlecht an, Jammern und der Vergleich mit anderen hilft auch nicht weiter.
5. Wer mit seiner nachweisbaren Leistung argumentiert, ist immer im Vorteil.
6. Sie müssen wissen, was Sie wollen und das auch sprachlich vermitteln können.
7. Der größte Gehaltssprung (ca. 10–25 Prozent) ist beim Arbeitsplatzwechsel drin.

Entscheidend ist also

1. das richtige Bewusstsein,
2. der richtige Verhandlungspartner,
3. die richtige Form, der »gute« Ton,
4. der richtige (»glückliche«) Zeitpunkt.

98 Wann ist der richtige Zeitpunkt, auf das Thema Gehalt zu sprechen zu kommen?

Nachdem Sie Ihre Werbe- und Verkaufsbotschaften in eigener Sache angemessen platzieren konnten und auf der anderen Seite genug Interesse an Ihrer »Dienstleistung« vorhanden ist, dieses schwierige Thema anzugehen.

Sie sollten darauf achten, das Gehaltsthema nicht zu schnell und vor allem nicht zu früh zu verhandeln. Der Fisch muss erst an der Angel sein, bevor Sie ihn an Land ziehen können. Eventuell ist dafür sogar erst das zweite Gespräch der richtige Zeitpunkt.

99 Welche Gehaltssprünge sind realistisch?

Bei einem Arbeitsplatzwechsel zwischen 10 und 25 Prozent (Ausnahmen bestätigen die Regel). Bei einer internen Bewerbung deutlich weniger.

In schwierigen Zeiten und bei besonderen Problemen innerhalb der Branche, in der Sie arbeiten, kann es aber auch sinnvoll sein, einen Arbeitsplatzwechsel vorzunehmen, ohne sich gehaltlich zu verbessern.

100 Was antwortet man auf die Frage: Wie ist Ihre Gehaltsvorstellung bzw. Wie hoch ist Ihr aktuelles Einkommen?

Wenn alle anderen Themen ausführlich abgeklärt sind, wäre Ihre geschickte Antwort auf den ersten Teil der Frage: »Wie hoch ist diese Position dotiert?« D.h. im Idealfall geben Sie diese Frage zurück. Falls Sie damit nicht durchkommen, sollten Sie ab einem Jahreseinkommen von etwa 30000 Euro immer auch einen Brutto-Jahreseinkommenswunsch in Form einer Spanne (von/bis) äußern (z.B. 45000–50000., 30000–35000 Euro). Unterhalb von 30000 Euro (das sind weniger als 2500 Euro im Monat) können Sie problemlos Ihr Monatssalär benennen (»Meine Vorstellung bewegt sich zwischen 1700 und 2000 Euro«). Die Minimum-/Maximum-Spanne sollte zwischen etwa 5 und 15 Prozent liegen.

Hauptsache jedoch, diese Frage kommt nicht gleich zu Beginn des Vorstellungsgesprächs. Eigentlich ist der zweite Teil der Frage nach dem aktuellen Einkommen juristisch gesehen gar nicht zulässig, dient er doch eher dem Interesse des Arbeitgebers, die Gehaltsansprüche des Bewerbers zu drücken. Wenn Sie also 40000 Euro Jahreseinkommen haben und wechseln wollen und der neue Job ist nicht höher dotiert, könnte die Nennung dieser Summe dazu führen, dass man Sie als Kandidat »aussortiert« – schließlich würden Sie sich ja nicht verbessern, sind also nicht besonders motiviert, so die Überlegung auf Arbeitgeberseite. Haben Sie bisher nur 25000 Euro verdient und der Arbeitgeber war bereit, etwa 40000 Euro auszugeben, kommen Sie wiederum nicht so gut infrage, denn wodurch sollte ein so hoher Gehaltssprung wohl gerechtfertigt sein, so der Arbeitgebergedanke.

Wenn Sie trotzdem so überzeugend waren, würde man Ihnen wahrscheinlich 40000 bis 45000 Euro anbieten. Haben Sie bisher

50000 Euro verdient und wären froh, diese Tätigkeit gerne für 45000 Euro zu machen – Sie ahnen es schon –, kommen Sie wieder nicht in die engere Wahl. Sie wären untermotiviert, so die klassische Argumentation.

Ihre Chancen wären also in diesem Beispiel am besten, wenn Sie sagen könnten, Sie haben um die 35000 Euro verdient und wollen sich nun verbessern.

Am allerbesten reagieren Sie auf diese Frage zunächst mit einer Gegenfrage: Wie hoch denn der Etat, das Budget für die zu besetzende Position sei. Die zweitbeste Möglichkeit ist, Sie sagen: Ich hatte eine Vorstellung von etwa 40000 bis 50000 Euro.

Was Sie noch wissen sollten

Das Autorenteam Hesse/Schrader ist seit über 18 Jahren auf dem Sektor der Bewerbungsratgeber sowie zu weiteren Themen aus der Arbeitswelt publizistisch tätig und hat im Laufe dieser Zeit mehr als 100 Bücher veröffentlicht. Viele davon liegen auch als Taschenbuchausgabe vor. Am Anfang stand die erstmalige Veröffentlichung aller gängigen so genannten Intelligenztests und deren kritische Reflexion in dem Buch *Testtraining für Ausbildungsplatzsucher (1985)* – allein dies gibt es inzwischen mit einer Gesamtauflage von knapp einer Million Exemplare. Ebenfalls Neuland zum Bereich »Überleben in der Arbeitswelt« erschloss das Buch *Die Neurosen der Chefs – die seelischen Kosten der Karriere.* Von besonderem Interesse für den Leser dieses Buches ist die Reihe *Die perfekte Bewerbungsmappe.* Diese Bücher sind im DIN-A4-Format gehalten und präsentieren die Bewerbungsunterlagen erfolgreicher Kandidaten originalgetreu. Auch die Bücher *Die überzeugende Initiativbewerbung, Das erfolgreiche Stellengesuch* sowie *Bewerbung und Stellensuche im Internet* behandeln Themen, die Bewerbungsvorhaben innovativ unterstützen.

Beide Autoren verfügen über eine langjährige Erfahrung als Seminarleiter von Bewerbungstrainings. Ein besonderes Interesse gilt der gewerkschaftlichen Bildungsarbeit in Form von Anti-Mobbing- und Konfliktmanagement-Seminaren. 1992 gründeten sie in Berlin das *Büro für Berufsstrategie,* das ausschließlich Arbeitnehmer in allen erdenklichen beruflichen Fragen berät und unterstützt (Tel: 030-2888570). Schauen Sie auch im Internet unter www.berufsstrategie.de nach.

Schneller auf den Punkt

berufsstrategie exakt

**Testtraining
Allgemeinwissen**
ISBN 3-8218-3844-2

**Testtraining Neue
deutsche Rechtschreibung**
ISBN 3-8218-3843-4

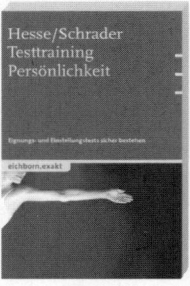

**Testtraining
Persönlichkeit**
ISBN 3-8218-3845-0

**Testtraining
Rechnen und Mathematik**
ISBN 3-8218-3851-5

**Testtraining
Konzentrationsvermögen**
ISBN 3-8218-3852-3

**Das perfekte
Arbeitszeugnis**
ISBN 3-8218-3849-3

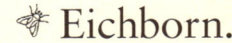

Haben Sie innerlich schon gekündigt?

Vorsicht
Bewerbungsfalle!

Danke Herr Müller, Sie hören von uns.

Kein Respekt
mehr vor Ihrem Boss?

Das Büro für Berufsstrategie Hesse/Schrader bietet Ihnen individuellen Rat und Unterstützung in allen Fragen zum Thema Beruf und Karriere. Coaching, Potenzialanalyse, Bewerbungsvorbereitung und Seminare bereiten Sie optimal auf Ihren neuen Job vor. Weitere Informationen unter www.berufsstrategie.de oder in unseren Filialen: